MIRION MALLE

Commando CULOTTE

les dessous du genre et de la pop-culture

Première édition
Dépôt legal : janvier 2016
ISBN : 978-2-35910-816-3
Imprimé par L.E.G.O. S.p.A. (Italie)
Scénario & Dessin : Mirion Malle
Maquette : Yuck & Camille Pradère

Préface de Mar_Lard

Tu rentres d'une journée de boulot : les rues sont parsemées de nymphes dans des positions lascives, photoshopées et placardées en grand format. Tu t'installes devant un film : la fiancée du protagoniste est violée puis égorgée sous ses yeux, déclenchant sa furieuse quête de vengeance. Tu termines ton jeu vidéo favori : d'un doux baiser, la princesse remercie le héros de l'avoir sauvée. Tu enchaînes sur une série : le serial killer a encore frappé, ajoutant un sixième cadavre de jeune femme à sa mise en scène sanglante et érotique. Tu ouvres ton livre de chevet : une femme d'affaires y est décrite comme "faussement sûre d'elle, trop masculine mais néanmoins attirante".
Il est facile et tentant de décréter "ce n'est que de la fiction". Mais qu'est-ce que la fiction, sinon le reflet de la société qui la produit ? Les romans, films, séries, médias en tout genre n'existent pas dans un univers séparé du nôtre ; ils évoluent avec notre société et contribuent à la faire évoluer en retour. Nos créations parlent de nous, nourrissent notre imaginaire et notre réflexion : qui irait prétendre n'avoir jamais été influencé ou bouleversé par une histoire ? Ce n'est pas pour rien qu'on éduque les enfants avec... La fiction colore notre vision du monde.
Alors... L'uniformité des corps féminins, jeunes, blancs, minces et avant tout désirables pour les hommes. Les femmes systématiquement sexualisées par le texte ou par la caméra, parfois jusque dans la souffrance et la mort. Les femmes considérées comme trophées, objets à conquérir que les hommes s'arrachent. Les femmes condamnées à rester seconds rôles, assistantes, prospects romantiques et accessoires dans des histoires d'hommes. Les femmes non blanches réduites à des stéréotypes exotiques. Les mères, sœurs, filles, amantes enlevées, agressées, massacrées pour mieux motiver les protagonistes masculins. Le harcèlement, les agressions sexuelles, les comportements abusifs romantisés et érotisés. Le viol fantasmé par les auteurs, employé comme outil narratif pour punir ou briser un personnage féminin.
Qu'est-ce que cela dit de nous ? Qu'est-ce que cela entretient chez nous, sinon l'idée que les femmes au fond aiment être forcées ? Qu'elles sont excitantes lorsque vulnérables ? Qu'une femme n'existe que par son rapport aux hommes ? Qu'elle a intérêt à leur paraître désirable selon des critères étriqués, racistes, contradictoires, inatteignables sous peine d'être sans valeur ?

En 2014, l'institut Geena Davis sur le genre dans les médias s'est intéressé aux personnages féminins dans les films à succès de onze pays, sortis entre 2010 et 2013. Parmi 5 800 personnages parlant à l'écran, seuls 31 % sont des femmes ; parmi les protagonistes, seulement 23 %. Seuls 10 % des films avaient un casting paritaire. 25 % des personnages féminins apparaissent dans des tenues sexualisées (contre 9% des personnages masculins), 24 % apparaissent partiellement ou totalement nues (contre 11 % des personnages masculins), 38 % sont fort minces (contre 16 % des personnages masculins). Les personnages féminins sont sexualisés uniformément de 13 à 39 ans, et leur apparence est cinq fois plus commentée que celle des personnages masculins. Parmi les personnages exerçant un emploi, seuls 22 % sont des femmes (alors que les femmes représentent en réalité 40 % des personnes employées dans le monde).

Et ce ne sont là que les chiffres du cinéma... Or, nous passons en moyenne plus de huit heures par jour à consommer des médias, et ce dès notre plus jeune âge. Est-ce vraiment un hasard alors si 48 % des adolescentes souhaitent être minces comme des top models ? Si les ambitions des petites filles décroissent dès qu'elles ont passé l'âge de 8 ans ? Dur de rêver quand tout nous crie "sois belle et tais-toi", dur de se projeter sans modèle qui nous ressemble. L'actrice Whoopi Goldberg raconte ainsi, au sujet de la lieutenante Uhura : *Quand j'avais neuf ans, j'ai vu Star Trek à la télévision et j'ai couru dans la maison en criant : "Viens voir, Maman, viens vite, il y a une dame noire à la télévision et ce n'est pas une servante !" J'ai su à cet instant que je pourrais devenir tout ce que je voulais.* La représentation a une réelle importance.

Une clé du problème réside du côté des créateurs : qui tient la plume ou la caméra ? Le rapport Bunche 2015 sur la diversité à Hollywood compte 94 % d'hommes parmi les réalisateurs, 87 % parmi les scénaristes, 100 % parmi les directeurs de studios. Croisons cela avec les statistiques ethniques (82 % de blancs parmi les réalisateurs, 88 % parmi les scénaristes et 94 % parmi les directeurs de studios) et le monde du cinéma américain semble terriblement homogène. Les quelques statistiques disponibles dans d'autres industries nous apprennent la même chose : la création demeure trop largement monopolisée par des hommes blancs. Rien d'étonnant alors à ce qu'elle aille toujours dans leur sens...
Or, le rapport Geena Davis relève que la présence d'une seule femme dans l'équipe de réalisation ou au scénario augmente déjà sensiblement le nombre de femmes représentées à l'écran. Il ne s'agit évidemment pas de prétendre que toute création féminine est miraculeusement exempte de sexisme : comment serait-ce possible, quand nous baignons tous et toutes dans une culture où il est omniprésent ? Cependant, il serait appréciable que ce ne soient plus toujours les mêmes qui s'expriment ; la diversification des créateurs est une étape indispensable à la diversification des représentations.

Si l'on ne peut éviter le sexisme omniprésent, on peut au moins en prendre conscience, lui donner moins de prise sur notre esprit. C'est l'objectif de *Commando Culotte* : via la bande dessinée et l'humour, rendre accessibles des outils d'analyse féministes pour voir les médias qui nous entourent d'un autre œil, développer son esprit critique, décortiquer la pop-culture dans laquelle nous baignons au quotidien. C'est éclairant mais ça n'a rien d'agréable. Le sexisme, tout comme le racisme ou l'homophobie, est discrètement envahissant : on découvre soudain, avec horreur, les idées peu ragoûtantes véhiculées par nos histoires préférées. On ne peut simplement faire le tri, boycotter toute œuvre marquée de misogynie, sous peine de ne plus s'intéresser à grand-chose tellement elle est habituelle. Et une fois éveillée, on ne peut pas non plus aisément éteindre sa cervelle féministe le temps d'un film pour se détendre : il faut faire avec, s'efforcer d'apprécier l'œuvre malgré son poison. Critiquer le sexisme d'une œuvre fait systématiquement surgir le même épouvantail, celui de la "censure" ; en réclamant des représentations plus positives, on nuirait à la liberté des artistes, on entraverait leur expression créative. Il n'en est rien : au contraire, c'est l'expression d'un ras-le-bol face à des clichés fatigués, des procédés narratifs paresseux, des personnages interchangeables.

Et si, pour changer, on écrivait autre chose que des demoiselles en détresse, des femmes sexys et vulnérables, des hommes virils et protecteurs ? Et si nos histoires célébraient la diversité, l'originalité, la créativité au lieu de l'étouffer ? Et si, plutôt que de répéter encore et toujours les mêmes choses, on avait un peu d'ambition ? La critique féministe n'est pas celle d'un public censeur : c'est celle d'un public exigeant.

Faisons mieux que ça.

Mar_Lard

L'importance de la représentation dans les médias : moins d'hommes blancs SVP.

Un exemple plus précis :
LAISSONS LE MICRO À L'UN DE CES CRITIQUES :
moi je trouve que ce que tu fais ne sert à RIEN
on peut pas dicter à des CRÉATEURS ce qu'ils doivent faire !
tu veux quoi ? IMPOSER DES QUOTAS ?
de toute façon, c'est de la fiction, ça n'a aucune influence !
moi en tout cas ÇA M'INFLUENCE PAS !!!
et j'ai eu ces arguments des dizaines de fois.
· ça sert à rien
· moi ça me touche pas
· chouineuse
C'EST QUAND MÊME BIZARRE DE PENSER QU'ON N'EST PAS INFLUENCÉ PAR LES MÉDIAS.
y a même pas vraiment besoin d'outils pour réaliser ça.
Blanche et Belle
FRIENDS 501
CINÉ DRAGO SALLE 1
Les Schtroumpfs
CHANEL
pour elle...
etc.
ON EST CONSTAMMENT BOMBARDÉS DE MÉDIAS !
oui mais moi ça me fait rien !
PING
PANG
EH OUI !
Moi, je me fais mon PROPRE AVIS !
Waouh
Tu veux dire que toi (et les milliers d'autres qui disent la même chose) tu ne serais pas soumis aux mêmes règles que les autres ?
PARCE QUE (en fait) NOUS SOMMES INFLUENCÉS !
On mange des médias depuis la petite enfance :
siffler en travaillant lalala
VHS
non seulement ça participe à notre éducation
et à notre expérience
mais en plus on ne s'arrête jamais d'en consommer
on passe environ 4h/jour devant des ÉCRANS
PAR EXEMPLE
10H45 DEVANT LES MÉDIAS EN GÉNÉRAL

EST-CE QUE C'EST SURPRENANT, ALORS, DE DEVOIR DÉBATTRE SUR LA PRÉSENCE DES PERSONNES DE COULEUR AU MOYEN ÂGE ?
voici des preuves historiques
il y a aussi des tableaux de l'époque
euh déso mais je te crois pas.
ça m'étonnerait pas mal hein
quasi tous les films médiévaux sont remplis de blancs
et d'hommes
hétéros
mais ça n'a RIEN à voir !
EST-CE QUE C'EST SURPRENANT QU'IL Y AIT EU UN PIC DANS LES INSCRIPTIONS FÉMININES DE BASEBALL APRÈS LE FILM A LEAGUE OF THEIR OWN SUR LE (tenez-vous bien) BASEBALL FÉMININ ?
ma sœur à 13 ans
T'as vu Hunger Games ?
moi je le lis j'adore !
du coup je me suis acheté un arc !
comme Katniss !
ah tiens c'est rigolo
ma petite sœur a fait pareil, mais avec Rebelle
d'ailleurs, une autre preuve qu'on est pas influencé :
la propagande utilisée en dictature n'a JAMAIS marché, voyons !
VIVE MIRION
AIMEZ-LA
PETAIN
UN TYPE EN
VIVE PÉTA
IL EST SUP
Culte de la quoi ? Personnalité ?
Rien à voir.
C'est juste un type vraiment sympa !
Sans aller jusque-là, il y a LA* PUB*
QUESTION : laquelle de ces situations ne s'est jamais produite ?
1.
Je n'ai jamais acheté quelque chose à cause d'une pub !
OU
2.
Je vois le futur
RÉPONSE :
la 1.

ON EST CONSTAMMENT SOUMIS À UN TAS D'INFORMATIONS, PAR EXEMPLE VIA LES OEUVRES DE FICTION ; INFORMATIONS QU'ON VA ASSIMILER SANS TROP RÉALISER.
Jeune & Jolie
SEXY
HOT
BEAUTÉ
BAD
MATHS
NICE
c'est pour ça que la question de la REPRÉSENTATION est super importante !
QUI EST-CE QU'ON VOIT LE PLUS DANS LA FICTION ?
HOMME
BLANC
CISGENRE
HÉTÉRO-SEXUEL
SOUVENT AISÉ
dans les séries pour enfants
dans les histoires d'amour
dans les films d'action
dans les teen movies
dans les tas de films sur un père et son fils
etc.
allez super encore de la HAINE pour nous, pauvres "hommes-hétéro-cis-blancs" !!!
Beh... non.
c'est juste que c'est vrai.
Geena Davis a créé un Institut : le
(mais si, vous savez, Thelma dans Thelma et Louise ou Barbara dans Beetlejuice)
GEENA DAVIS INSTITUTE ON GENDER IN MEDIA
QUI TRAVAILLE SUR LES DISPARITÉS DE GENRE DANS LES MÉDIAS.

ELLE FAIT PAR EXEMPLE DES CAMPAGNES DE SENSIBILISATION AU PROBLÈME OU POUR INCITER LES SCÉNARISTES À FAIRE PLUS DE PERSOS FÉMININS →

Par escemple :

• ON A ENVIRON 3 GARÇONS REPRÉSENTÉS POUR UNE FILLE (50% DE LA POPULATION) DANS LES FILMS FAMILIAUX

• UNE FILLE A 4 FOIS PLUS DE CHANCES D'ÊTRE MONTRÉE DANS DES VÊTEMENTS SEXY

• OH, ET UNE FILLE A AUSSI PLUS DE CHANCES D'ÊTRE REPRÉSENTÉE DE FAÇON IRRÉALISTE

• SI LES SPECTATEURS VOIENT 17% DE FILLES, ILS ONT L'IMPRESSION D'EN VOIR 50%.

• 80,5% DES PERSOS QUI TRAVAILLENT SONT DES HOMMES (50% DANS LA VRAIE VIE) →

ENCORE MOINS DE FEMMES MONTRÉES DANS DES DOMAINES COMME LA SCIENCE, LA FINANCE, PDG, LE DROIT, LA POLITIQUE, ETC.

• ON REMARQUE QU'IL SUFFIT D'UNE FEMME DANS L'ÉQUIPE DE SCÉNARISTES POUR AUGMENTER LE TEMPS D'ÉCRAN DES PERSOS ♀ →

MAIS, DANS LE MILIEU, IL Y A 5 HOMMES POUR 1 FEMME

• QUAND ON MONTRE UNE FEMME QUI TRAVAILLE, C'EST SOUVENT DANS LES SERVICES, LA VENTE OU L'ADMINISTRATION

on en trouve facilement 27 avec des ♂ dans les + connus

• ENTRE 1937 ET 2005, ON A EU SEULEMENT 13 PROTAGONISTES ♀ DANS LES FILMS DISNEY (SUR 91) →

SUR LES 13, SEULEMENT 1 NE CHERCHE PAS L'AMUUUR...

(63% DES ♀ MONTRÉES À LA TV PARLENT D'AMOUR, D'AILLEURS) (49% DES ♂)

il suffit ensuite de comparer ces chiffres avec d'autres pour se rendre compte du malaise !
ON NOUS MONTRE DES FILLES ULTRA-SEXUALISÉES, AU CORPS TOUJOURS MINCE ET "BEAU"
mannequins = 23 % plus maigre que moyenne
même les enfants
AUX U.S.A.
SUR 8 MILLIONS DE PERSONNES AVEC DES TROUBLES ALIMENTAIRES, 7 MILLIONS SONT DES FEMMES.
je suis trop grosse
48 % des ados aimeraient être minces comme les mannequins
LES FEMMES SONT SOUVENT REPRÉSENTÉES SANS EMPLOI OU DANS DES MÉTIERS PEU VALORISÉS.
SEULEMENT 18 % DES POSITIONS DIRIGEANTES AUX USA SONT TENUES PAR DES FEMMES.
11 % MILITAIRE
POLITIQUE 17 %
18 % BUSINESS
18 % DROIT
16 % DANS LE MILIEU DU FILM ET DE LA TÉLÉ ;
ET (SOUVENEZ-VOUS)
SCEN ARI O
1 = + 10,8 %
c'est un cercle vicieux ...
ouais enfin bon, ça veut rien dire...
c'est p'têt une coïncidence.
Beeeen ...
Non.
mais si tu veux un "vrai" chiffre pour montrer le lien...
64 %
DES BUSINESS WOMEN
?
VOIENT L'ABSENCE DE ROLE MODEL ♀ COMME UNE BARRIÈRE POUR LEUR CARRIÈRE.
POUR AVOIR UNE IDÉE ENCORE PLUS PRÉCISE DU MANQUE DE REPRÉSENTATION, IL EXISTE UN OUTIL FORMIDABLE
LE BECHDEL TEST
(ou Bechdel-Wallace)

QU'EST-CE QUE C'EST ?
C'EST TIRÉ D'UN STRIP D'Alison Bechdel
c'est d'après mon amie Liz Wallace
LIVRE
FILM
SÉRIE
etc
ON PREND UNE OEUVRE
EST-CE QU'IL Y A DEUX FEMMES NOMMÉES ?
A.
B.
EST-CE QU'IL Y A DEUX FEMMES QUI PARLENT ENSEMBLE ?
PARLENT-ELLES D'AUTRE CHOSE QUE D'UN HOMME ?
c'est un test très simple, et pourtant la grosse majorité des films ne le passent pas !
en France, sur les 25 films avec le + d'entrées en 2011, seuls 4 FILMS passent le test !
le site BECHDELTEST.COM répertorie plus de 4,500 films divers, et 5 % remplissent les 3 conditions
POLISSE
AU-DELÀ
BLACK SWAN
LES FEMMES DU 6e ETAGE
MAIS ATTENTION !
SI UN FILM PASSE LE TEST, ÇA NE VEUT PAS AUTOMATIQUEMENT DIRE QU'IL N'EST PAS SEXISTE !
BECHD TEST
SEXISME
on passe le test...
mais on fait passer le pire message sexiste qui soit !
on nous explique que le sexe avant le mariage = MAL !
Toute ma vie tourne (et est gérée) par des hommes !
TWILIGHT, par exemple
on a aussi un beau message antiavortement
Je vais te tuer
OK
etc, etc...
et vice versa
GRAVITY par exemple
ÇA SERT SURTOUT À MONTRER LE MANQUE DE REPRÉSENTATION.
DU COUP, PRATIQUE, ÇA S'ADAPTE À N'IMPORTE QUELLE DISCRIMINATION (avec quelques menus ajustements) =
HOMOPHOBIE
TRANSPHOBIE
RACISME
eeeeh oui !
Je vous parle sans cesse du SEXISME, mais films et séries (et autres médias) sont pleins d'autres DISCRIMINATIONS !!
Quelle chance !

Ce qui est marrant (triste à pleurer), c'est que les gens qui vont te dire :
une règle marrante dans les films d'horreur
c'est que le Noir meurt toujours en premier
qui disent ensuite
QUOI? Tu veux PLUS de Noirs dans Game of Thrones????
Tu sais qui tu me rappelles? HITLER!
Du RACISME dans les films???
PFFF!
Laissez leur liberté aux artistes, merde!
C'est vrai, c'est fou...
Qui pourrait croire ça en sachant que 91% des articles de journaux nationaux anglais sur les musulmans sont NÉGATIFS, par exemple?
A BAS LES TERRORISTES
QUELQUES PETITS FAITS AMUSANTS (= TERRIFIANTS ET NULS) SUR LA DISCRIMINATION :
pfff
• 350 ACTEURS/TRICES BLANCS NOMINÉS POUR "MEILLEUR ACTEUR/TRICE" AUX OSCARS ; SEULEMENT 21 NOIRS...
CNN 81%
FOX NEWS 83%
MSNBC 73%
• SUR LES CHAÎNES CNN, FOX NEWS ET MSNBC, LES "GUEST" SONT MAJORITAIREMENT BLANCS
UN ENFANT BLANC dans LES AVENTURES D'UN ENFANT BLANC
• SEULEMENT 2/10 ENFANTS LATINOS OU ASIATIQUES ET 4/10 AFRO-AMÉRICAINS DISENT VOIR DES GENS DE LEUR ETHNIE À LA TV "TRÈS SOUVENT"
cerveau tordu
Je suis transgenre et méchant hinhin
et moi victime car quoi d'autre pourrait expliquer mon genre?
• DEPUIS 2002, SUR 102 REPRÉSENTATIONS DE PERSONNES TRANSGENRES À LA TV, 54% SONT JUGÉES "TRÈS NÉGATIVES" ET SEULEMENT 12% JUSTES...
QUOOOI?
on va croire que je suis HOMO!!
D'AILLEURS, UN TROPE TRÈS SOUVENT ATTACHÉ AUX PERSOS TRANSGENRES EST LE "IT'S A TRAP!" (c'est un piège), SOUVENT SUIVI DE VOMI...
LARMES
Choisis!
• ON A 3 SORTES DE REPRÉSENTATIONS DES HANDICAPÉS : LA VICTIME, LE-SUPERPOUVOIR-QUI-COMPENSE OU LE SUPER VILAIN.

Bref.
En tout cas, le truc vraiment SUPER fun, c'est de mixer les discriminations!
SEXIS
TRANSP
VALIDIS
NOOOON!
PETITS MORCEAUX CHOISIS:
WOW
• 5% DES PERSONNAGES DE FILMS SONT DES FEMMES DE COULEUR
alors moi j'aimerais ...
Chut, Chut! Tu veux pas pleurer un peu?
• LES FEMMES MUSULMANES SONT QUASIMENT TOUJOURS REPRÉSENTÉES COMME DES VICTIMES ET C'EST TOUT!
Je tripote une fille devant mon mec
han
Bi
C'est bien ça la bisexualité hein?
• LES LESBIENNES SONT INVISIBILISÉES: LES LGBT LES PLUS MONTRÉS SONT LES GAYS; EN REVANCHE, ON MONTRE PLUS DE FEMMES "BI"...
N° 248
POCAHONTAS
MULAN
N°304
N°353
LE VOYAGE DE CHIHIRO
LILO & STITCH
N°359
N° 369
LA PRINCESSE ET LA GRENOUILLE
SISTER ACT
N° 447
SEUL FILM "LIVE ACTION" ET IL DATE DE 1992 ....
• SUR LE TOP 500 DU BOX OFFICE DE TOUS LES TEMPS, SEULEMENT 6 FILMS ONT UN PERSONNAGE PRINCIPAL QUI EST UNE FEMME DE COULEUR...
QUEL BEAU MESSAGE!
En gros: choisis ta tare, mais ATTENTION à ne pas cumuler, sinon adios la représentation.
FORMULAIRE
☒ FILLE ☐ PAS BLANC ☐ HOMOSEXUEL ☐ TRANSGENRE
→ 1/2

Récapitulons :

PAR EXEMPLE
SI TU ES UNE FILLE, ADOLESCENTE TU AS PLUS OU MOINS TROIS FAÇONS DE TE VOIR À L'ÉCRAN :

1.

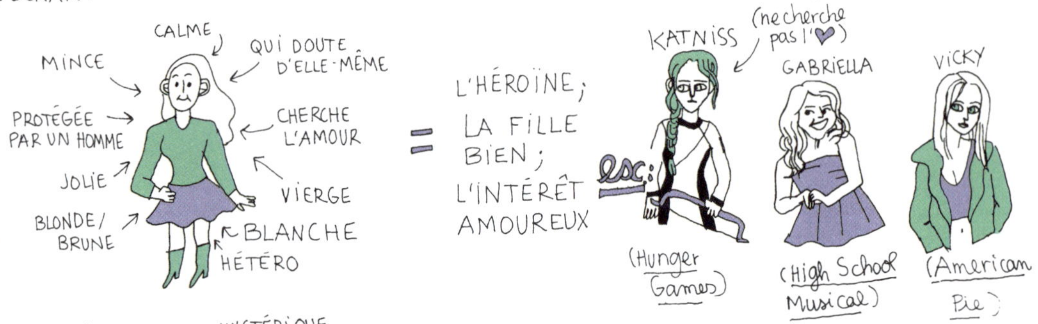

2.

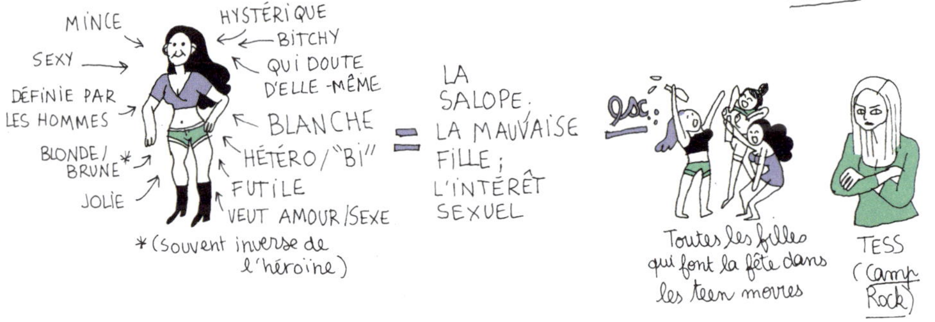

3.

ALORS CERTES ON PEUT VOIR DES DIFFÉRENCES ENTRE CES PERSONNAGES...
SURVIVRE
KATNISS
≠
DEVENIR CHANTEUSE
TROUVER UN COPAIN
MITCHIE
(Camp Rock)
mais globalement elles rentrent toutes dans le même moule.
Ouais enfin t'as pas forcément BESOIN de t'identifier non plus.
ERREU!R
Pouvoir s'identifier, c'est super important pour deux raisons !
DÉJÀ, POUR DONNER DES MODÈLES À TOUT LE MONDE.
Soit je t'explique que tu n'existes pas...
... en oubliant de te montrer
Soit je te montre dans UN SEUL RÔLE
et je te dis que c'est LE SEUL que tu peux faire
j'ai envie de voir des gens qui me ressemblent...
et pas seulement les autres
faire et être les choses que je veux faire ou être.
je veux être CHAMPIONNE DE SKATE !
ou présidente !
malheureusement c'est jamais ce qu'on me propose, alors je commence à douter...
PROGRAMME
(84% DES ENFANTS PENSENT QUE LES MÉDIAS PEUVENT LEUR APPRENDRE QU'ILS SONT IMPORTANTS)

Du coup, ça fait que le pic de "confiance" de la vie d'une fille c'est 8 ans.
44 % DES FILLETTES DE 8 ANS
VEULENT ÊTRE "LEADER" (=SONT AMBITIEUSES)
PASSÉ 12 ANS, ON TOMBE À 21 %
(21 % qui pensent qu'elles ont de quoi être des leaders)
Quoi ? Est-ce que ça pourrait avoir un rapport avec les milliers de mauvais messages qu'on envoie aux jeunes filles ?
PREPUBERE mag !
BELLE ET AMOUREUSE
ENSUITE, POUR ÉVITER DE CRÉER DES STÉRÉOTYPES ET DES IDÉES REÇUES :
Si je te montre toujours des persos noirs secondaires
Ben ptêt tu vas te mettre à penser des trucs nuls.
par exemple, qui meurent toujours en premier...
Hummm... Si les Noirs sont toujours secondaires ....
P'têt y a une raison...
Ouais moi j'embauche pas de filles, elles tombent tout le temps ENCEINTES, elles veulent juste des BÉBÉS !
Ouais bah les trans elles ressemblent toutes à des mecs haha !
ils veulent juste piéger les hétéros !
PFF mais les gros c'est que des sales feignants qui bouffent
la HONTE !
Est-ce que les films et séries sont les seules raisons de la discrimination ?
nope
Est-ce que ce sont quand même de GROS coupables ?
Oui

Ouais enfin...
C'est toi qui es sexiste/raciste/etc. finalement...
moi, j'ai PAS BESOIN de voir un homme blanc cis hétéro pour m'y IDENTIFIER !!!
HA HA HA
oui alors ça c'est un mauvais argument
pour DEUX petites raisons
1. C'EST FACILE À DIRE.
DEBAT : LES FEMMES
Roman
La vie d'un
HA
HA HA
BD T12
PUB : CE TRUC VOUS PLAÎT
SI TU ES UN HOMME/BLANC/MINCE/AISÉ/HÉTÉRO/CIS GENRE/VALIDE/ETC. ; TU ES PLUS REPRÉSENTÉ QUE CEUX QUI NE LE SONT PAS.
alors IMAGINE si t'es tout ça en même temps !
du coup, c'est un peu plus facile de prendre ça de façon zen ....
y a trois films et sept pubs sans vous, j'vous le mets quand même ?
MÉDIAS
allez OK
grand prince.
j'suis comme ça, moi !

2. C'EST FAUX
Excemples:
On a tout un tas de fois où des gens sont venus râler
parce qu'ils étaient pour une fois évincés
• MICHAEL B. JORDAN ET JOHNNY STORM
Le reboot des 4 Fantastiques va montrer l'acteur
MICHAEL B. JORDAN
dans le rôle de Johnny Storm,
LA TORCHE HUMAINE
MAIS !
IL EST NOIR !!!
MAAAIS !!
IL EST BLANC JOHNNY !!
Euuh... oui. Et ?
DANS LA BD IL EST BLANC !!
Et du coup ? Il faut absolument être blanc pour être une torche humaine ?
(Ce n'est pas un héros avec un héritage culturel...)
MAIS C'EST ÉCRIT DANS LA BÉDÉ !!!
OUIN OUIN
Résultat :
COMMENTAIRE
STOP AU BLACK WASHING !!! LA TORCHE EST PAS NOIR C'EST TOU
CLIC CLIC CLIC
PLEIN DE MESSAGES HAINEUX (ET RACISTES) SUR INTERNET, YES !
• CIVILIZATION
C'est un jeu de stratégie dans lequel on doit, en gros, diriger et faire passer une civilisation, donc, de l'âge de pierre à la conquête spatiale (en gros).
LÀ, ILS VONT SORTIR UNE NOUVELLE VERSION
SID MEIER'S CIVILIZATION BEYOND EARTH
(QUI SE PASSE DANS LE FUTUR.)
LES PREMIERS LEADERS QU'ILS ONT MONTRÉS :
(on remarque le mec au 1er plan)
QUE DES GENS DE COULEUR !
(EN PLUS Y A 3 FEMMES SUR 4 !)
Réactions :
HAAAA Trop COOL de changer un peu !
Bien joué, vive la représentation !
?
nope
QUOOOOI ?
ouin
Pourquoi y a pas de blancs ? Pourquoi y a qu'UN homme ? C'EST INJUSTE !
ouin
RACISME !!!!!
ouin
PIRE JEU !
Pourquoi c'est pas comme dans TOUS les autres jeux ??

Conclusion :

ALORS BON, NON, PAS DE QUOTAS (MAIS C'EST QUAND MÊME UN PEU TRISTE D'EN ARRIVER À SE POSER LA QUESTION..). PAR CONTRE, IL Y A D'AUTRES SOLUTIONS !

• Pour les auteurs / créateurs :

Pour tout le monde :
CHERCHER À S'APPROPRIER TOUT UN TAS D'OUTILS POUR COMPRENDRE ET RÉFLÉCHIR
Google
sur Internet
dans des LIVRES
en en parlant et en ÉCOUTANT les gens concernés
CONFÉRENCE
auprès des organisations qui s'y intéressent.
ESSAYER DE DIVERSIFIER LES MÉDIAS QU'ON REGARDE/REÇOIT
VU SUR INTERNET
FILMS ÉTRA
CONSEILLÉ PAR UN AMI
FILMS INDÉ
BLOCKBUSTERS
BECHDEL TEST
ET CRITIQUER CEUX QUI JOUENT SUR LES CLICHÉS
même si on les aime bien !
HA HA
Pour les enfants :
SUR LE SITE MEDIASMARTS.CA IL Y A DE TRÈS CHOUETTES CONSEILS POUR ÉVITER
DE LAISSER LES ENFANTS ASPIRER LES CLICHÉS, PAR EXEMPLE →
si c'est interdit, c'est que ça doit être TOP!!!
ÉVITER D'INTERDIRE TOUT CE QUI CORRESPOND À UN CLICHÉ.
DISCUTER DES "MESSAGES" TRANSMIS PAR LES MÉDIAS
Et du coup tu trouves que c'est bien que Cendrillon et le Prince se marient juste parce qu'ils se trouvent beaux ?
y a pas plus important ?
et tout le monde sera tellement heureux !

GAME OF THRONES
SAISONS 1-2-3
PAR MIRION
ET TARMASZ
POURQUOI PARLER DU GENRE DANS GOT ?
C'est une série qui a un milliard de personnages, tous très divers et complexes, ce qui rend d'ailleurs la série très attrayante !
+ UNIVERS COOL = ♥
etc.
Et dans tous ces personnages, il y a plein de filles qui sont elles aussi diverses et complexes, donc intéressantes à analyser !
C'EST AUSSI UNE SÉRIE TRÈS POPULAIRE, REGARDÉE PAR PLEIN DE MONDE, ET QUI A, PAR CONSÉQUENT, BEAUCOUP D'INFLU-ENCE
ET PUIS ELLE SE SITUE DANS UN UNIVERS MÉDIÉVAL-FANTASTIQUE, OÙ L'ON N'A PAS L'HABITUDE DE VOIR AUTANT DE BONS PERSOS FÉMININS SOUS COUVERT DE « COHÉ-RENCE » ET D'« HISTORICITÉ »

· les points négatifs
pour commencer dans le fun !
BEAUCOUP PLUS DE GARÇONS QUE DE FILLES !!
↳ 2 sur 3 dans les personnages principaux
encore plus parmi les figurants (→les armées)
BEAUCOUP PLUS DE BLANCS AUSSI...
↳
ÉTRANGEMENT, PAS MAL PLUS DE QUE DE OU DE masculines
↳ plus de prostituées filles que garçons.
IL Y A BEAUCOUP DE VIOLS DANS LA SÉRIE, UNIQUEMENT SUR DES FEMMES. (LES 2 SEULS HOMMES QUI VIVENT DES TENTATIVES DE VIOL Y ÉCHAPPENT.)
PARCE QU'ON EST DES VRAIS BONSHOMMES!
ALORS OK, C'ÉTAIT PLUTÔT COURANT À L'ÉPOQUE, SURTOUT EN PÉRIODE DE GUERRE
OUPS
OK, LES VIOLEURS SONT SOUVENT MONTRÉS COMME DES MECS PAS COOLS
CRASTER
WALDER FREY
VILLAGEOIS CRASSEUX/ VILAINS SOLDATS PAS BEAUX
MAIS LE VIOL, POUR UNE FEMME, SEMBLE INÉVITABLE ET QUAND ELLE Y ÉCHAPPE, C'EST TOUJOURS GRÂCE À UN HOMME.
BIEN OUEJ!
MÊME BRIENNE NE PEUT PAS SE DÉFENDRE TOUTE SEULE ?
NON!
LAISSEZ-MOI!
À L'AIDE
ET PARFOIS ÇA SEMBLE QUASIMENT ANECDOTIQUE :
CRASTER SÉQUESTRE, BAT, EXPLOITE ET VIOLE SES 20 FILLES ET PETITES-FILLES ? ÇA VA. MAIS DONNER UN BÉBÉ EN OFFRANDE À UNE CRÉATURE : SCANDALE !!!

DAENERYS SE FAIT VIOLER PAR SON PETIT MARI DROGO
SNIF
MAIS TRÈS VITE
APPRENDS-MOI À LE SÉDUIRE
C'EST LE BIG LOVE
BEN VOILÀ ! SUFFISAIT QU'ELLE FASSE UN EFFORT !!
• POD ET LES PROSTITUÉES :
Podrick PAYNE
le bon gars sympa qui sauve Tyrion mais qui est un peu mou / empoté
pas un Apollon
SURPRISE !
Oui, en fait elles ont pas voulu de l'argent.
Parce qu'elles ont trop KIFFÉ !
Et cette scène n'est pas dans les ROMANS
MAIS WHAAAT ?
TEAM JOFFREY
C'est quoi ce gros fantasme bizarre et gratuit ?
on dirait que les scénaristes se sont dit :
Bon, allez, on se fait PLAIZ' !
Ça a AUCUN rapport, mais si on faisait que le mec banal, ben en fait il nique trop bien ?
OH OUAIS et puis du coup on pourrait trop s'identifier !
Parce qu'au fond on est TOUS des sex machines !
hihi
hoho
ENSUITE, CE N'EST PAS HYPER SURPRENANT VENANT D'UNE GROSSE PRODUCTION AMÉRICAINE, MAIS LES PERSONNAGES SONT TOUS SUPER BG
MÊME CEUX QUI SONT CENSÉS ÊTRE LAIDS !!
ET S'IL Y A PAS MAL DE GROS MECS
REPRÉSENTE !
TOUTES LES MEUFS SONT MÉGA-BONNES
PAS TRÈS LOGIQUE POUR LE COUP, SURTOUT CHEZ LES NOBLES !

- DES PARENTS TRÈS CLICHÉS :

→ on ne s'éloigne pas trop des stéréotypes

↳ la **mère poule**, ultra protectrice et aimante, prête à tout sacrifier pour ses enfants.

EXEMPLES :

CERSEI, cruelle et sans pitié MAIS qui place ses enfants au dessus de tout.

CATELYN STARK, qui perd toute jugeote quand il s'agit de sa progéniture.

↳ le **père distant** et froid, bien trop focalisé sur l'honneur de la famille et la perpétuation du nom pour aimer ses enfants.

EXEMPLES :

TYWIN, bien sûr.

mais aussi ce bon vieux **BALON GREYJOY**.

ON N'A PAS DE MÈRE-FROIDE-PRÉOCCUPÉE-PAR-L'HONNEUR NI DE PAPA-POULE.

EXEMPLE : la saine famille de **Stannis**

← a une certaine tendresse pour ↙

← tandis que Selyse HAIT sa fille

PETITE PARENTHÈSE : ÇA NE RELÈVE PAS DU SEXISME / GENRE, MAIS ÇA RESTE UN PEU GÊNANT : **QUASIMENT TOUS LES ACTEURS SONT BLANCS...**

L'HISTOIRE SE SITUE À DES ENDROITS TRÈS **ÉLOIGNÉS GÉOGRAPHIQUEMENT** ; ON AURAIT DONC AIMÉ VOIR DES PERSONNAGES **PLUS VARIÉS**

ON A :

SALLADHOR SAAN, LE PIRATE, QUI APPARAÎT 2X 5 MINUTES

XARO XOAN DAXOS, MARCHAND À QARTH, 5 ÉPISODES

VERT-GRIS, MISSANDEI, ET QUELQUES AUTRES PERSOS UN PEU BASANÉS

+ 10000 AUTRES PERSOS BLANCS !

. les points positifs
• ON VOIT DES HOMOSEXUELS !
(on les voit même faire du sexe !)
LORAS & RENLY
ET ON ÉCHAPPE AUX CLICHÉS !
Renly est soigné et n'est pas un guerrier, mais on est bien loin du perso de "folle" ridiculisé
je suis aussi montré comme un BON prétendant au trône
et ma team me supporte alors que pas mal de gens se doutent que j'aime les garçons.
pareil pour moi !
j'ai de beaux cheveux et je suis un vaillant chevalier
rep a sa*
nique les stéréotypes de genre
(pire cheval déso)
*"répond à cela"
(ATTENTION, PETIT APARTÉ SAISON 4)
je suis hyper cool et BISEXUEL.
moi aussi lalala
OBERYN MARTELL
WAHOU !
Une série qui ne nie pas l'existence de la bisexualité !
MIRACLE !
TEAM JOFFREY
allez choisis
bin non
Par contre on voit pas des masses de lesbiennes
sauf quand c'est pour exciter ces messieurs...
Allez, ho, j'ai pas toute la vie !

SI GAME OF THRONES COMPTE PLEIN DE PERSONNAGES DE FEMMES FORTES, À L'INVERSE, BEAUCOUP DE PERSOS MASCULINS SONT REPRÉSENTÉS EN POSITION DE FAIBLESSE PHYSIQUE, ET, MERVEILLE! ON MONTRE QUE CE N'EST PAS FORCÉMENT UNE MAUVAISE CHOSE!

NUL AU COMBAT, MAIS TRÈS CULTIVÉ, (ET IL POUTRE UN WHITE WALKER, WOW)

NUL AU COMBAT, MAIS INTELLIGENT, DIPLOMATE ET COURAGEUX!

BRAVO! PAS ÉVIDENT DANS UN UNIVERS PAREIL!

ON RETROUVE AUSSI SOUVENT DES SCHÉMAS DE FRATRIES OÙ LES CODES DE GENRE CLASSIQUES SONT DÉTOURNÉS

C'EST LA SOEUR QUI SE BAT / COMMANDE LES TROUPES. ÇA CHANGE!

• LES FILLES SE BATTENT CONTRE LES GARÇONS :

→ Dès qu'une fille se bat, elle se bat avec des garçons.

→ ça change des éternels "oh-tiens-une-concurrente-fille-arrive-pile-au-moment-où-la-guerrière-doit-se-battre"...

• les personnages féminins

du coup, plus les femmes font partie de cette société, moins elles ont de liberté :

• CELLES QUI SONT PAS TOP MALGRÉ TOUT

→ MÉLISANDRE

MÉLISANDRE EST ENCORE PEU DÉVELOPPÉE, DU COUP POUR L'INSTANT, SON RÔLE RESTE UN PEU CLICHÉ, CONTRAIREMENT AUX AUTRES PERSOS FÉMININS.

JUSQUE-LÀ, ELLE SE SITUE DANS LA LIGNÉE DES FEMMES MALÉFIQUES & SEXUELLES, TELLES QUE :

ELLE REPRÉSENTE LA TENTATION ET LE DANGER.

+ SA COULEUR EST LE ROUGE, COULEUR EMBLÉMATIQUE DES PERSOS DE FEMMES FATALES

MAIS AU FOND, ON EN SAIT TROP PEU SUR ELLE POUR BIEN EN PARLER POUR L'INSTANT. DÉSO !

→ TALISA

• CELLES QUI FONT PARTIE DE LA COUR :

→ LES FEMMES "FORTES", PUISSANTES

Bravo, tu es bien née !
Tu es au top de la pyramide !!!
Du coup on va te donner en mariage comme ça nous arrange
Et on va s'assurer que tu agis bien comme la société le veut.
comme une FEMME
Mais ça veut pas dire qu'on se résigne, on a du pouvoir autrement.
on utilise les armes qu'on nous donne...
comme essayer d'épouser le type le plus puissant et le manipuler
ou donner des ordres dans le dos des hommes
&
AVIDES DE POUVOIR
hmm bof...
peut-être qu'on peut faire participer mon frère ?
OH Super, j'adore les arbalètes !
MARGAERY VEUT ÊTRE REINE ET S'ADAPTE À CE QUE SES (FUTURS) MARIS ATTENDENT D'ELLE.
Oui au fait on va encore te marier à un type par intérêt.
mais pourquoi je peux pas JUSTE être reine régente ?
CERSEI EST LA DIGNE HÉRITIÈRE DE TYWIN ET ELLE NE SUPPORTE PAS SA CONDITION DE FEMME.
Toutes les deux se plaignent d'être nées femmes.
PAR EXEMPLE, CERSEI :
ELLE S'ARRANGE POUR SE DÉBARRASSER DE ROBERT.
Si c'est pas moi, que ce soit mon fils qui m'écoute
héhé
ELLE "MET" JOFFREY SUR LE TRÔNE
+ en veut à Margaery plutôt qu'à la société
TOUT ÇA POUR RÉALISER ENSUITE QU'ELLE PERD CE POUVOIR EN ÉTANT REMPLACÉE PAR MARGAERY.
D'AILLEURS, ELLE PARLE DE TOUT ÇA TRÈS CLAIREMENT PENDANT LE SIÈGE DE BLACKWATER
Quand Jaime et moi étions enfants, impossible de nous distinguer
Je n'ai jamais compris pourquoi on a fini par nous traiter différemment...
CEPENDANT, ELLE N'EST PAS FÉMINISTE :
I should have been born a man.
misogynie intégrée

DE SON CÔTÉ, CATELYN UTILISE SON POUVOIR POUR DÉFENDRE SURTOUT SA FAMILLE.
Je libère l'otage le plus précieux pour retrouver mes filles !
et je me fiche de ce que Robb dit !!
j'essaye de participer dans mon coin, tout le temps, mais personne ne m'écoute...
pourtant je m'y connais...
et tiens donc, ce serait pas parce que c'est une femme ça ?
Mais après tout le monde va dire que j'écoute ma maman
elle aurait pas pu rester à s'occuper de Bran ?
POURTANT ELLE A PARFOIS DE BONS CONSEILS...
Walter Frey est pas vraiment le mec qu'il faut trahir.
DOMMAGE...
Ouuups !
•SANSA
J'AI L'IMPRESSION QUE TOUT LE MONDE S'ACCORDE À DIRE QUE SANSA EST UN PERSONNAGE NUL.
OUIN !
JE VEUX ÉPOUSER UN BEAU PRINCE ET AVOIR BEAUCOUP D'ENFANTS
CERTES, À LA BASE, ELLE A UN RÔLE DE MIDINETTE FAÇONNÉE PAR LA SOCIÉTÉ, ET ASPIRANT À UNE VIE D'ÉPOUSE ET DE JEUNE FILLE MODÈLE...
MAIS ELLE ASSISTE VITE AU MEURTRE DE SON PÈRE, AU MASSACRE DE SA FAMILLE, À SES FIANÇAILLES À UN ROI ABJECT ET CRUEL EN PARTIE RESPONSABLE DE LA MORT DES SIENS. TOUT CELA IMPUISSANTE, AU SEIN D'UNE COUR OÙ ELLE N'A PLUS AUCUN ALLIÉ, OU PRESQUE.
JE SUIS AUSSI MARIÉE DE FORCE À UN HOMME QUE JE N'AIME PAS !
SON RÔLE DE JEUNE FILLE MODÈLE EST DÉFORMÉ EN LUI FAISANT SUBIR UNE ÉNORME SOUFFRANCE PSYCHOLOGIQUE. ELLE DEVIENT UN PERSO DE FEMME BRISÉE
GÉNIAL
J'ADORE
ET ELLE N'EST PAS BRISÉE PAR LE VIOL (LE FAMEUX "RAPE & REVENGE") MAIS PAR UNE BLESSURE PLUS TYPIQUEMENT "MASCULINE" : LA PERTE DE LA FAMILLE.
ON LUI REPROCHE D'ÊTRE PASSIVE, DE NE PAS RÉAGIR ET DE SOUFFRIR EN SILENCE. MAIS JUSTEMENT, SA FORCE RÉSIDE DANS SA CAPACITÉ DE RÉSILIENCE
HÉ OUAIS
QUI, À MA PLACE, NE SE SERAIT PAS TRANCHÉ LA GORGE ?
SANSA EST UN PERSONNAGE DE FEMME FORT, COMPLEXE ET PROMETTEUR !
YES !

• DAENERYS :

→ Daenerys ressemble beaucoup à Margaery :

C'EST UNE MENEUSE QUI VEUT DU BIEN À SON PEUPLE.

↳ CEPENDANT, COMME ELLE VIT LOIN DE LA COUR/SOCIÉTÉ...

→

→

(BON, APRÈS, ÇA MARCHE AUSSI PARCE QUE C'EST DAENERYS, ON VOIT BIEN QUE PAR CHEZ ELLE, LES FILLES SONT PAS EXACTEMENT AU TOP DE LA HIÉRARCHIE SOCIALE...)

ROS & SHAE

LES PROSTITUÉES SHAE ET ROS SONT DEUX PERSOS DE FEMMES INTELLIGENTES ET QUI ONT SU DÉCIDER DE LEUR VIE

ROS A QUITTÉ WINTERFELL POUR RÉUSSIR, TROUVER UNE VIE MEILLEURE

À KINGS LANDING, ELLE MONTE EN GRADE ET DEVIENT L'ASSOCIÉE DE LITTLE FINGER

SHAE A DES ORIGINES MYSTÉRIEUSES, MANIFESTEMENT MOINS CLASSIQUES QU'ON POURRAIT LE CROIRE

ON EN SAIT PEU SUR ELLE, MAIS ELLE SEMBLE EXERCER CE MÉTIER DE SON PLEIN GRÉ

SON AMOUR AVEC TYRION EST SINCÈRE ET RÉCIPROQUE

ET IL NE LA SOUS-CONSIDÈRE PAS POUR SON MÉTIER.

CEPENDANT ELLES RESTENT TOUTES LES DEUX DÉPENDANTES D'UN HOMME.

LITTLE FINGER A MÊME LE DROIT DE VIE OU DE MORT SUR ROS

• CELLES QUI ONT UN RÔLE "MASCULIN" :

↳ ELLES VEULENT TOUTES AVOIR UN RÔLE QUI NE LEUR EST PAS DESTINÉ ET L'OBTIENNENT, MALGRÉ LES REMARQUES, SANS POURTANT RENIER LEUR SEXE.

exemple : Arya qui rappelle aux gens qui se trompent

→ POUR AVOIR CETTE LIBERTÉ, ELLES SONT TOUTES ÉLOIGNÉES DE LA COUR.

Arya est un bon escemple du sexisme de Westeros :

QUAND ARYA EST À WINTERFELL, QUAND ELLE N'EST ENCORE QUE "FILLE D'UN LORD", ELLE DOIT SUIVRE DES COURS DE BRODERIE (QUI SONT PAS TROP SON KIFF)

SON TRUC À ELLE C'EST PLUTÔT LA BAGARRE ET LE TIR À L'ARC, OÙ ELLE EXCELLE DAVANTAGE QUE SES FRÈRES.

DU COUP :

→

↑ = "je veux être plus que ce que vous me permettez"

(MAIS BON COMME LES STARK SONT SYMPAS ET QU'ELLE EST UNE ENFANT, ELLE PEUT QUAND MÊME AVOIR DES LEÇONS D'ÉPÉE, FINALEMENT).

→ TOUTES LES 4 SONT DES PERSONNAGES QU'ON VOIT D'HABITUDE EN HOMMES (ET C'EST PLUTÔT COOL D'Y VOIR DES FILLES)

BRIENNE, C'EST LE CHEVALIER : LOYALE, BONNE, JUSTE, DÉVOUÉE.
ELLE S'ATTACHE À CEUX QUI LA TRAITENT RESPECTUEUSEMENT :
la voit comme une guerrière et lui donne une chance
idem que Renly : la voit comme une personne (≠ monstre)
la sauve d'un viol + lui sauve la vie
AMOUR COURTOIS
= respect plutôt que désir
+ FAIT UNE VRAIE QUÊTE DE CHEVALIER TYPIQUE :
part sauver la PRINCESSE
SANSA
pour l'épouser
la ramener à sa mère
SORTE DE SOLIDARITÉ ENTRE FEMMES
BRIENNE JTM TUE-LES TOUS !!!
ET NON, car elle est bien trop sympa / juste pour aimer tuer !
AVEUGLÉE PAR LA VENGEANCE DEPUIS LA PERTE DE SA FAMILLE
L'HÉRITIÈRE FORTE ET INTELLIGENTE
"LA FORCE" DANS LE DUO AVEC SON FRÈRE
moi je suis plutôt "la MAGIE"
(≠)
ON LES A LAISSÉES ÊTRE CE QU'ELLES VOULAIENT
YGRITTE & OSHA
YGRITTE ET OSHA SONT DES SAUVAGEONNES : ELLES VIVENT COMPLÈTEMENT EN MARGE DE LA SOCIÉTÉ ET SEMBLENT DONC MOINS ATTEINTES PAR LES CONVENTIONS DE GENRE.
ELLES SONT DÉBROUILLARDES, COURAGEUSES, SE BAGARRENT COMME DES HOMMES, SONT CONSIDÉRÉES COMME LEURS ÉGALES
ELLES NE SONT PAS MONTRÉES COMME DES EXCEPTIONS
MAIS MALGRÉ CELA, ON VOIT TRÈS PEU DE FEMMES PARMI LES SAUVAGEONS
POURQUOI ?
BON POINT : C'EST YGRITTE QUI DÉPUCELLE JON SNOW, ALORS QUE LE PLUS SOUVENT, C'EST L'HOMME L'INITIATEUR AU SEXE DANS LA PLUPART DES SCÉNARIOS
SLURP SLURP
MAIS ELLE RESTE "LA SENTIMENTALE" DES DEUX, ELLE QUI S'ÉPREND DE JON, PRÊTE À LE SUIVRE, QUITTE À TRAHIR LES SIENS
JTM
DSL
=
BYE
QUAND LUI LA DÉLAISSE BIEN VITE POUR REJOINDRE SES COPAINS DE LA NIGHT WATCH
ET OSHA, MALGRÉ SON RÔLE PEU GENRÉ, ELLE JOUE UN PEU LA MÈRE DE SUBSTITUTION AVEC BRAN ET RICKON.

Conclusion :
EN CONCLUSION, CETTE SÉRIE PRÉSENTE UN ÉVENTAIL DE PERSONNAGES FÉMININS NOMBREUX, COMPLEXES, ET TRÈS VARIÉS.
ÉVOLUANT DANS UN UNIVERS SEXISTE, MAIS DÉNONCÉ COMME TEL
LES FEMMES Y SONT INTELLIGENTES, INFLUENTES, FORTES ET INDÉPENDANTES.
T'ES FIER DE TOI?
MAIS, malheureusement, pas un SANS-FAUTE
pas bien, Westeros.
mais on t'aime quand même!
QUELQUES CONSEILS:
1. → METTRE PLUS DE FILLES!
2. → METTRE PLUS DE PERSOS NON BLANCS!
3. → PLUS DE LESBIENNES ET DE TRANSGENRES PLEASE
4. → MOINS DE VIOLS
OK???? KISS.

POURQUOI DIRE « les filles ne sont pas drôles » FAIT DE VOUS UN(E) ÉNORME IDIOT(E) ?

(petit spoil : parce que c'est faux.)

J'ENTENDS RÉGULIÈREMENT DES GENS, MÊME PLUTÔT FÉMINISTES/OUVERTS D'ESPRIT, DIRE :

MÊME MOI, DANS MA FOLLE JEUNESSE, ALORS QUE JE ME CONSIDÉRAIS COMME FÉMINISTE, Y ALLAIS DE MON AVIS ÉCLAIRÉ :

ET MÊME LES HUMORISTES FILLES SEMBLAIENT S'Y METTRE :
(la première fois que j'ai vu du stand-up :)

ET CELLES QUI SONT "CONNUES" SONT RELÉGUÉES AU RANG DE MOCHES (ANNE ROUMANOFF, MURIEL ROBIN…). IL Y A MÊME UNE AFFREUSE INTERVIEW DE FLORENCE FORESTI QUI RÉPOND À LA QUESTION "pour être l'humoriste préf' des Français, faut-il ne pas être trop belle?" (ARG!!!)

J'IMAGINE ASSEZ MAL LA MÊME CHOSE AVEC UN CONFRÈRE :

BREF. POURQUOI FAUT-IL NE PAS DIRE QUE LES FEMMES NE SONT PAS DRÔLES ?

EH BIEN (JE VOUS LE DONNE EN MILLE), PARCE QUE C'EST FAUX !

JE SAIS QUE LES PETITS DESSINS RIGOLOS DE CERVEAUX SONT TRÈS POPULAIRES MAIS

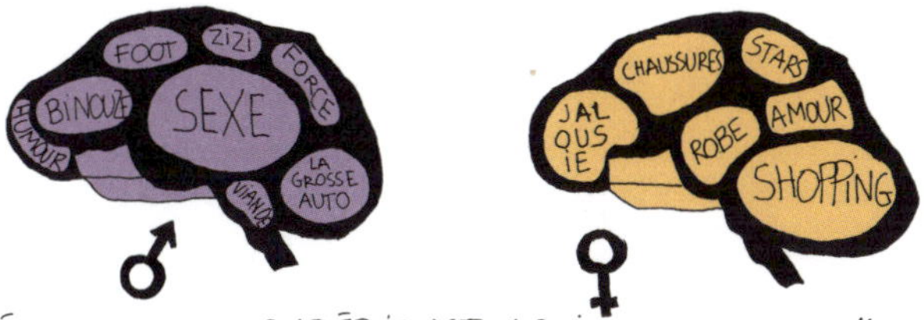

C'EST FAUX

(désolée)

JE SUIS TOMBÉE SUR UNE EXPÉRIENCE "SCIENTIFIQUE" QUI "PROUVE" QUE LES FILLES SERAIENT MOINS DRÔLES :

on demande à 16 étudiants et 16 étudiantes de légender des dessins de façon rigolote

on leur pose deux questions

on demande à 81 personnes de dire quelles légendes sont les plus drôles + on leur pose une question.

les résultats

les étudiants trouvent leurs légendes plus drôles que celles des femmes

CONCLUSION LOGIQUE :

scientifiquement, donc, parce qu'on a demandé à des gens de choisir la blague la plus drôle entre une estampillée "HOMME" et l'autre "FEMME", et en demandant à des hommes s'ils trouvent leurs blagues plus drôles que celles des femmes ou non

⇒ vraiment très objectif et scientifique dis donc (non) (vraiment non)

POUR COMMENCER, PARLONS DES TRAVAUX CETTE FOIS SCIENTIFIQUES DE CATHERINE VIDAL (neurobiologiste et directrice de Recherche à l'institut Pasteur)

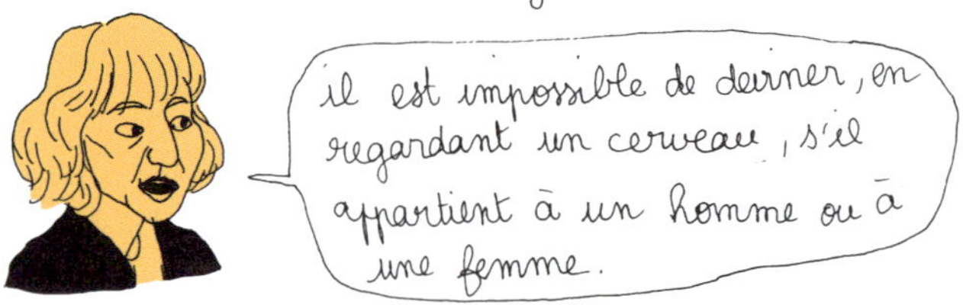

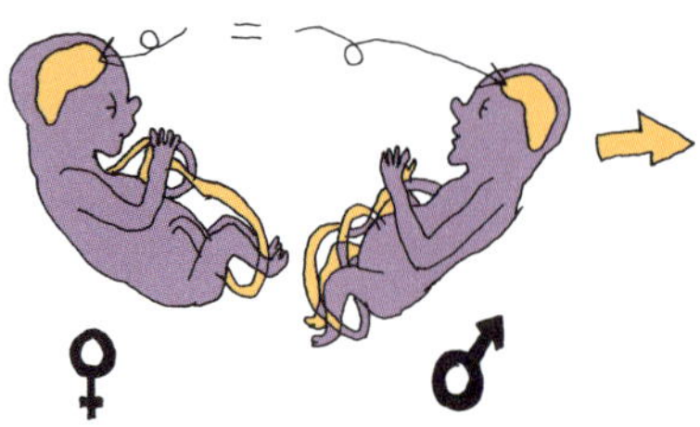

pas de différence anatomique entre les deux cerveaux → les gènes qui permettent de construire les hémisphères cérébraux + cervelet + tronc cérébral sont indépendants des chromosomes X et Y !

Seule différence : au niveau des fonctions physiologiques de la reproduction → en gros, à la puberté, des neurones vont s'activer chaque mois CHEZ LES FILLES pour déclencher l'ovulation

AUCUNE DIFFÉRENCE CONCERNANT LES AUTRES FONCTIONS COGNITIVES OU SENSORIELLES

CATHERINE VIDAL INSISTE SUR LA PLASTICITÉ DU CERVEAU (c'est-à-dire, sa capacité à se façonner en fonction de l'expérience vécue)

ELLE CITE UNE EXPÉRIENCE :

on prend un groupe d'étudiants d'une vingtaine d'années

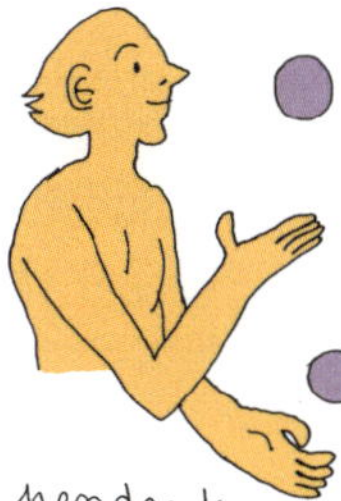

pendant 3 mois, on leur apprend à jongler

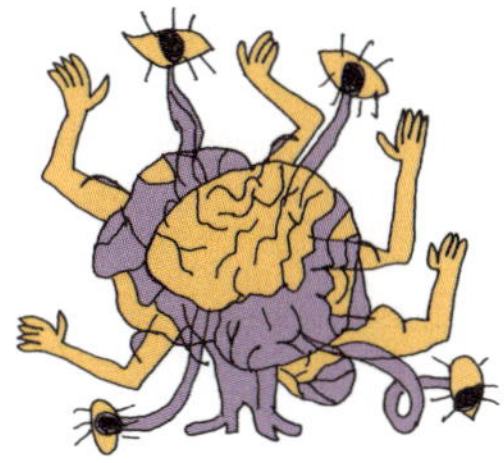

on remarque un épaississement du cortex dans les régions de la coordination motrice et de la vision

s'ils arrêtent, les régions rétrécissent

et c'est EXACTEMENT la même chose avec des gens de 60 ans !

rien n'est figé à jamais !

(= la plasticité !!)

SEULEMENT 10 % DES CONNEXIONS NEURONALES SONT PRÉSENTES À LA NAISSANCE → la façon de se fabriquer les 90 % restantes n'est donc pas due à la NATURE mais à la

CULTURE

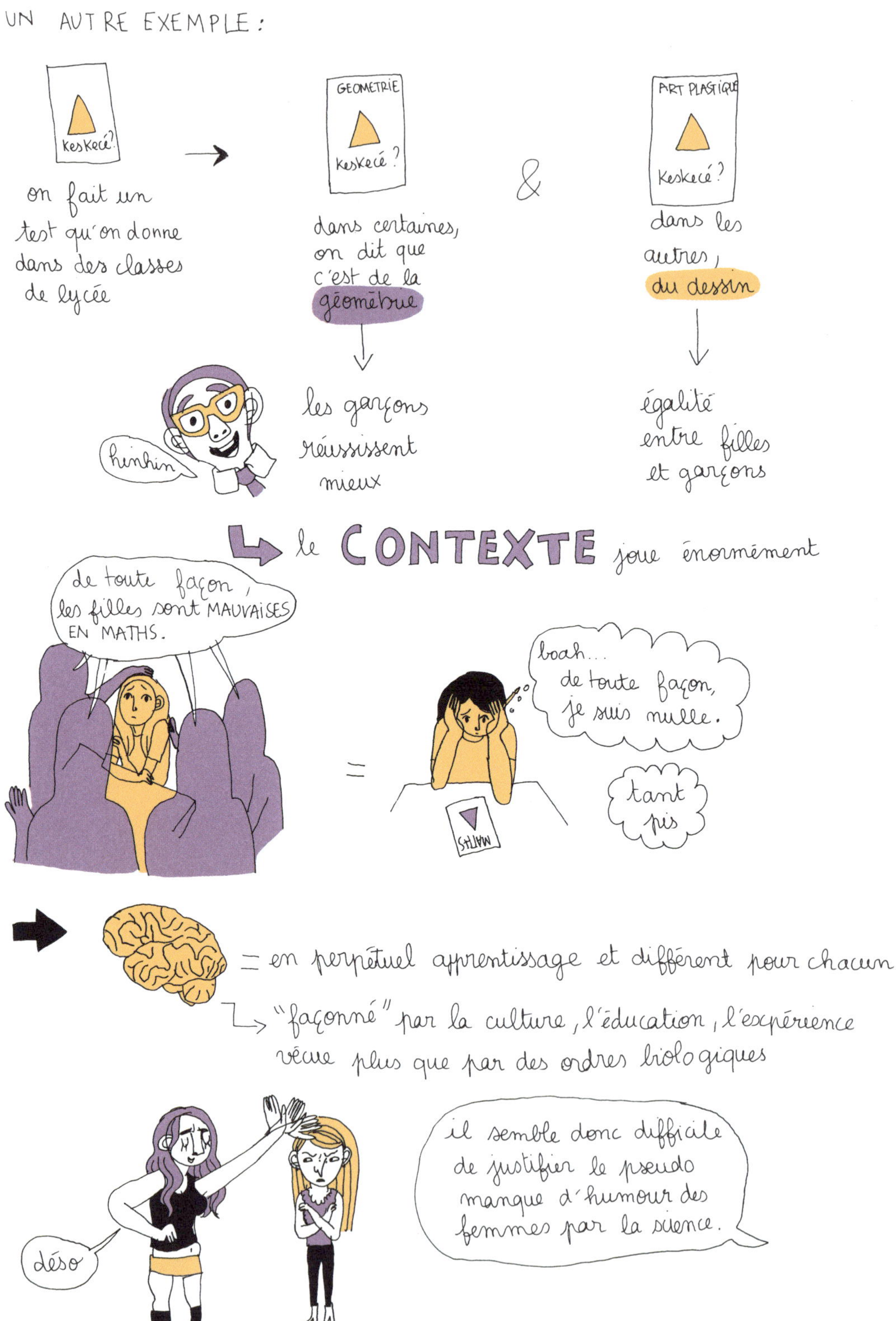
UN AUTRE EXEMPLE :
keskecé ?
on fait un test qu'on donne dans des classes de lycée
GEOMETRIE
keskecé ?
dans certaines, on dit que c'est de la géométrie
les garçons réussissent mieux
hinhin
&
ART PLASTIQUE
keskecé ?
dans les autres, du dessin
égalité entre filles et garçons
le CONTEXTE joue énormément
de toute façon, les filles sont MAUVAISES EN MATHS.
=
boah... de toute façon, je suis nulle.
tant pis
MATHS
= en perpétuel apprentissage et différent pour chacun
"façonné" par la culture, l'éducation, l'expérience vécue plus que par des ordres biologiques
déso
il semble donc difficile de justifier le pseudo manque d'humour des femmes par la science.

TENTONS DONC D'EXPLIQUER ÇA À TRAVERS LA **SOCIÉTÉ** :

il se passe cette chose triste qui fait que si on dit aux garçons: on dit aux filles:

et on leur dit tout au long de leur vie!

COMME ON L'A VU PLUS HAUT, L'HUMOUR N'EST PAS INNÉ.
C'EST UN MÉCANISME QU'ON APPREND, OU NON, LE PLUS SOUVENT SANS SE FORCER, MAIS QUI DÉPEND DE LA SOCIÉTÉ OÙ ON ÉVOLUE.

ON SE RETROUVE DONC AVEC

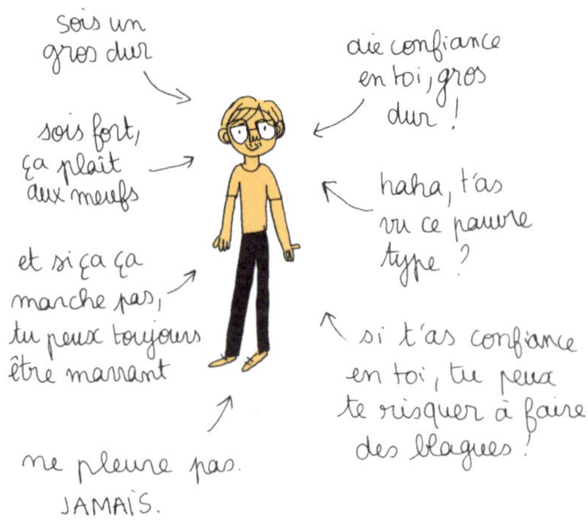

➜ on forme les garçons à être des gros durs insensibles et les filles de douces créatures, sans cesse remises en question, formatées pour encourager le mâle alpha qui se bat pour elles.

4 ➜ PLUS FACILE AUX GARÇONS DE SE MOQUER ET DONC DE DÉVELOPPER LEUR SENS DE L'HUMOUR.

on remarque d'ailleurs que la plupart des humoristes filles sont soit cataloguées "moches" soit "lesbiennes" :

Anne ROUMANOFF — Florence FORESTI, donc — Muriel ROBIN — Shirley SOUAGNON etc.

↳ est-ce qu'on peut en déduire que pour qu'une fille s'intègre dans un milieu dit "d'hommes", il faut qu'elle abandonne les "attributs" qui font d'elle une femme aux yeux de la société ? Ce qui reviendrait à dire que ce qui fait d'elle une Femme, c'est sa BEAUTÉ et les HOMMES ?

(**MALAISE...**)

BREF. REVENONS À LA MOQUERIE, QUI EST UNE DES FAÇONS LES PLUS FACILES DE DÉVELOPPER L'HUMOUR ET QUI EST DONC DAVANTAGE PERMISE AUX GARÇONS. GARÇONS À QUI ON PRÉSENTE L'HUMOUR COMME UNE ARME DE SÉDUCTION, ET QUI SONT DONC ENCOURAGÉS À LE DÉVELOPPER.

L'HUMOUR DE LA MOQUERIE EXCLUT

QUE CE SOIT

un comportement

ou

un groupe social

COMME EN PLUS LA SOCIÉTÉ NOUS ENCOURAGE À FORMER DES GROUPES

GROUPES QUI ONT POUR RÉACTION DE BASE DE SE REJETER L'UN L'AUTRE, RÉFLEXE QUI EST DONC REPRIS DANS L'HUMOUR.

EH OUI.

L'HOMME ÉTANT DÉSIGNÉ "DOMINANT" DANS NOTRE SOCIÉTÉ, IL EST DONC LE GROUPE LE PLUS REPRÉSENTÉ, DANS L'HUMOUR PAR EXEMPLE, QUE CE SOIT DANS

MAIS ATTENTION À NE PAS TROP LES SORTIR DE LEUR ZONE DE CONFORT !

AINSI, SI LES HOMMES APPRÉCIENT PARTICULIÈREMENT LES BLAGUES DE MASTURBATION :

(This is the End, 2013)

SI LES FILLES FONT LA MÊME CHOSE, C'EST LE DRAME !

EN TANT QUE PRIVILÉGIÉS*, LA PLUPART DES HOMMES N'ONT PAS L'HABITUDE D'ÊTRE "EXCLUS DE LA BLAGUE" (ALORS QU'ON FORCE LES FILLES À S'IDENTIFIER AUX HOMMES À CAUSE DE LEUR NON-REPRÉSENTATION CULTURELLE)
(et ça marche avec toutes les minorités)

*"privilégié" n'est pas une accusation de misogynie, mais une constatation que la balance penche plus dans un sens que dans l'autre.

MAIS QUAND CE SONT LES MINORITÉS, ICI, DONC, LES FEMMES, QUI NE RIENT PAS, POUR DE MEILLEURES RAISONS BIEN SOUVENT

LA RÉACTION N'EST PAS LA MÊME DU CÔTÉ """"ADVERSE""""

➜ OH OH GROS NAZE

PARCE QU'EN FAIT, LA VRAIE RAISON, C'EST QUE LES FÉMINISTES VOIENT CE QU'IL Y A SOUS TOUTES CES BONNES BLAGUES : DU SEXISME.

CE QUE J'ENTENDS QUAND QUELQU'UN FAIT UNE BLAGUE SUR "LES FEMMES"

ET COMME SON ARGUMENT EST LE PLUS ENTENDU, PUISQUE LE PLUS REPRÉSENTÉ, C'EST UN CERCLE SANS FIN :

Conclusion :

ON DONNE AUX GARÇONS L'HUMOUR COMME UNE ARME CONTRE LES AUTRES ET UNE TECHNIQUE DE SÉDUCTION, EN LEUR INCULQUANT LA CONFIANCE EN SOI EN PLUS, ET EN LEUR DÉSIGNANT TOUT UN TAS DE "VICTIMES"

AUX FILLES, ON DONNE L'OBLIGATION D'ÊTRE JOLIE ET DOUCE ET PAS TROP INTELLIGENTE POUR PLAIRE, CE QUI EST MONTRÉ COMME L'ULTIME BUT, LE GRAAL ; ET UNE INTERDICTION DE S'APPROPRIER LES DOMAINES VUS COMME MASCULINS, SOUS PEINE DE FAIRE SE SENTIR MENACÉS LES MACHO-MEN.

➡ S'il y a moins de filles drôles, c'est parce qu'elles sont moins poussées à développer leur humour ; et c'est la seule raison. Et parce que celles qui le sont sont sciemment ignorées.

↳ J'ai toujours gravité dans des cercles remplis de filles drôles, 50/50 avec les garçons

MILLE KILOS D'HUMOUR

MAIS COMME BIEN SÛR IL Y A PLUS PERTINENT QUE MON EXPÉRIENCE PERSONNELLE, VOICI DES HUMORISTES FÉMININES QUI SONT VRAIMENT TRÈS TRÈS DRÔLES:

mais aussi Sarah Silverman, Kristen Wiig, Blanche Gardin...

ET BIEN SÛR, JE N'ENTENDS PAS AVEC CET ARTICLE DIRE QUE TOUS LES GARÇONS FONT LES MÊMES BLAGUES MISOGYNES, LOIN DE LÀ...

Mes préf' personnels:

LES APPENDICES, bien sûr, n°1 dans mon cœur aussi.

AZIZ ANSARI

DEMETRI MARTIN

SACHA BÉHAR

mais aussi Augustin Shackelpopoulos, Lonely Island, Kev'Adams...

↑ (mon) (une hyper drôle blague pour finir) (#yolo)

voilà !

School of Rock

DÈS QUE LE SUJET DU GROUPE APPARAÎT, ON NOTE QUELQUES MALAISES AU NIVEAU DU TRAITEMENT DES FILLES. DANS LE GROUPE, ELLES PEUVENT ÊTRE :
CHANTEUSE
(mais plutôt dans les chœurs)
OU
humpf !
MANAGER
(= pimbêche)
OU
BASSISTE
(seule musicienne à ne pas avoir de solo)
OU
Hiiiii
GROUPIES
(natürlich)
Urk...
MAIS CONCENTRONS-NOUS SUR CES DEUX PERSONNAGES :
Sarah Silverman !
Le couple de l'ami-coloc et sa copine
Allez Jack Black, donne-moi des sous !
Ouais mais plus tard, OK ?
Ben non, MAINTENANT, vu que tu nous dois 2000 $!!
snife déso
PFFF depuis que t'es avec cette grognasse, t'es NUL !
Pendant tout le film, elle est montrée comme sévère, "bossy", méchante, rigide...
et l'opposante principale du gentil Jack Black.
QUE FAIT-ELLE POUR MÉRITER ÇA ?
Ça serait bien que t'arrêtes de te faire marcher sur les pieds...
à
rends-nous l'argent que tu nous dois depuis DES MOIS !
à
Ben oui je t'aime pas !
Mais c'est p'têt parce que tu m'insultes sans cesse en faisant comme si j'étais pas là ?

Allô la police ? Je vous appelle parce qu'on usurpe l'identité de mon copain pour voler son travail alors qu'il a du mal à en trouver, et du coup tout le monde va me haïr d'avoir balancé le gentil Jack Black !
ET VOUS VOULEZ SAVOIR POURQUOI SON MEC LA SOUTIENT UN PEU ?
Je trouverai jamais de nouvelle copine SNIFE
Et bien sûr...
Que se passe-t-il à la fin du film ?
WOUAHOU !
Une fois que tout le monde m'a pardonné ?
Mais euh... Tu trouves pas que tu lui pardonnes un peu vite ?
non tg
tu m'émascules je te quitte
lol
Quoi ?
Vous me dites qu'il craint ?
YEP
Youpi !
Tant pis si je reste célib' !
J'ai été malheureux tout le film mais maintenant que je m'oppose à ma meuf, mon personnage est complet et évolué !
Conclusion :
"ah les femmes ces hystériques qui veulent tout contrôler ! Vive Jack Black le rigolo !"
= POUBELLE
URK !
School of Rock
à bientôt !
PLING PLONG

Barbie VERSUS He-Man
OU L'ALLÉGORIE DE LA MAUVAISE FOI.
J'étais tranquillement en train d'explorer l'Internet, quand soudain...
By Jove!
Quelque chose me tira une EXCLAMATION!
C'ÉTAIT UN MÈME (que voici:)
Les doubles standards féministes :
Voici Barbie. Les féministes disent qu'elle représente un idéal de beauté inatteignable, pas sain et injuste, qui met les fillettes dans une mauvaise position envers leur propre image.
VOICI MUSCLOR
ET JE L'AI VU PARTAGÉ DES GROS TAS DE FOIS:
Trop vrai!
Grave!
Tellement ...
Ah ces idiotes de féminazies!!!
ET QUE VEUT DONC DIRE CE MÊME ?
NOUS AUSSI ON EST OPPRESSÉS!!! SI C'EST VRAI!!!!
Compris? et nous, on se plaint pas!
Chouineuses!

CE À QUOI JE RÉPONDS :
Petit 1 : C'EST VRAI.
puis
Petit 2 : MAIS FAUT PAS NON PLUS EXAGÉRER.
puis
Petit 3 : L'HYPOCRISIE, ÇA VA 2 MINUTES !
Commençons !
I. C'EST DUR DUR D'ÊTRE UN GARÇON.
EN EFFET, QUAND ON EST UN GARÇON, IL VAUT MIEUX REMPLIR UN CERTAIN NOMBRE DE CONDITIONS POUR ÊTRE * VIRIL *
IL FAUT PAR EXEMPLE :
être fort
être charismatique
ne pas pleurer
séduire un tas de filles
aimer le sport
ETC.
MAIS DEVINEZ QUOI :
les féministes ne nient pas ça !
C'EST POURQUOI TOUT LE MONDE (même les "hommes hétéro cis blancs") A TOUT À GAGNER DU FÉMINISME !
FAQ DU FÉMINISME
Un exemple concret :
LE VIOL :
bleuarg !
Quand on dit :
Tu vas te faire violer comme ça !
on sous-entend parmi d'autres choses :
les garçons ne savent pas se contrôler
ce sont des BÊTES

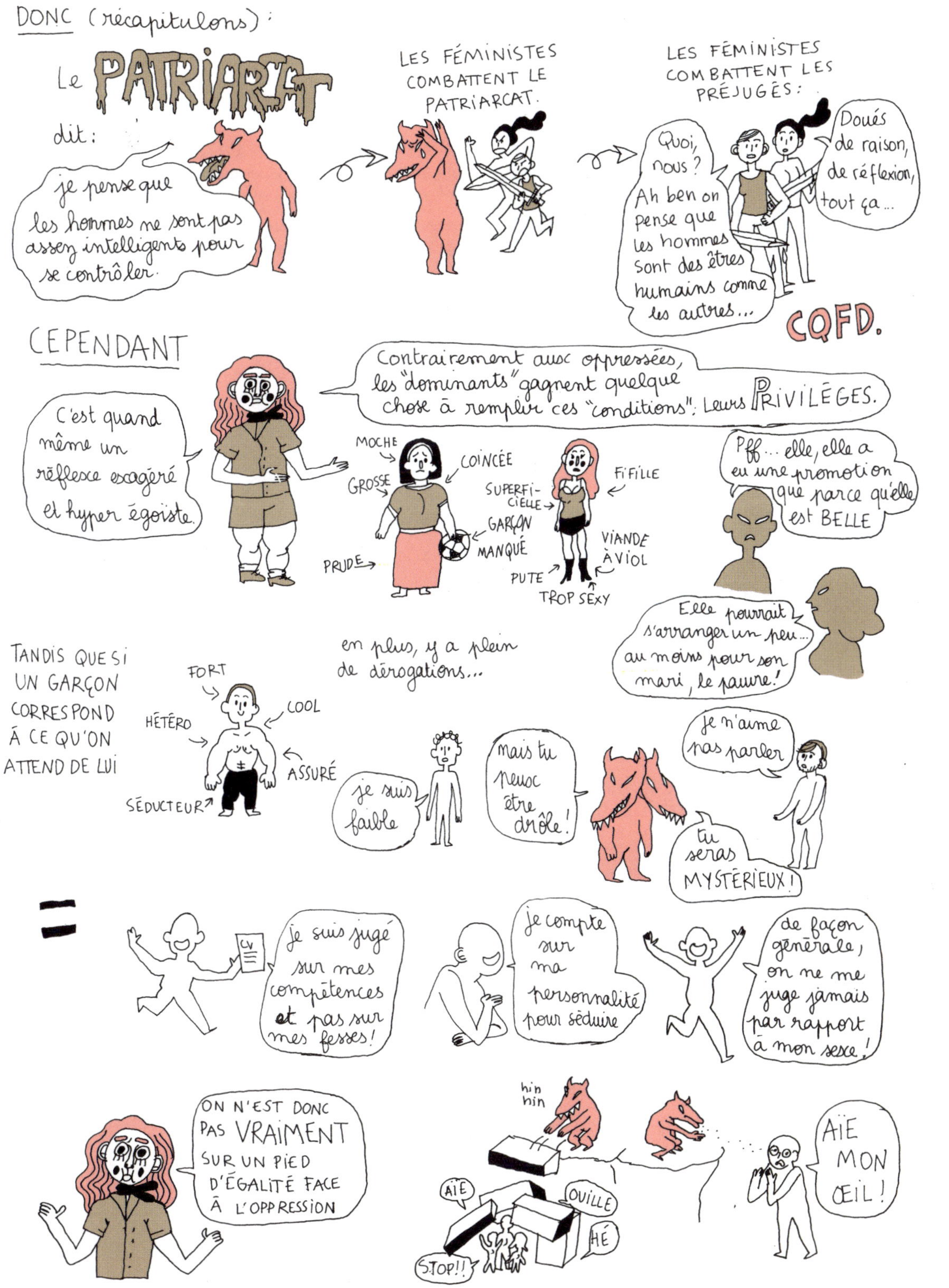
DONC (récapitulons) :
Le PATRIARCAT dit :
je pense que les hommes ne sont pas assez intelligents pour se contrôler.
LES FÉMINISTES COMBATTENT LE PATRIARCAT.
LES FÉMINISTES COMBATTENT LES PRÉJUGÉS :
Quoi, nous ?
Ah ben on pense que les hommes sont des êtres humains comme les autres...
Doués de raison, de réflexion, tout ça...
CQFD.
CEPENDANT
C'est quand même un réflexe exagéré et hyper égoïste.
Contrairement aux oppressées, les "dominants" gagnent quelque chose à remplir ces "conditions" : Leurs PRIVILÈGES.
MOCHE
COINCÉE
GROSSE
GARÇON MANQUÉ
PRUDE
SUPERFICIELLE
FIFILLE
VIANDE À VIOL
PUTE
TROP SEXY
Pff... elle, elle a eu une promotion que parce qu'elle est BELLE
Elle pourrait s'arranger un peu... au moins pour son mari, le pauvre !
TANDIS QUE SI UN GARÇON CORRESPOND À CE QU'ON ATTEND DE LUI
FORT
COOL
HÉTÉRO
ASSURÉ
SÉDUCTEUR
en plus, y a plein de dérogations...
je suis faible
Mais tu peux être drôle !
Je n'aime pas parler
tu seras MYSTÉRIEUX !
=
CV
Je suis jugé sur mes compétences et pas sur mes fesses !
Je compte sur ma personnalité pour séduire
de façon générale, on ne me juge jamais par rapport à mon sexe !
ON N'EST DONC PAS VRAIMENT SUR UN PIED D'ÉGALITÉ FACE À L'OPPRESSION
hin hin
AÏE
OUILLE
HÉ
STOP !!
AÏE MON ŒIL !

II. PAS LA MEILLEURE COMPARAISON

ON VOIT BIEN LE RAPPORT ENTRE BARBIE ET HE-MAN

↳ deux personnages pour la jeunesse qui sont des modèles genrés impossibles à atteindre.

D'UN CÔTÉ ON A :

DES GARS HYPER MUSCLÉS, QUI PARTENT VIVRE DES AVENTURES ET COMBATTENT DES MÉCHANTS ET SONT SOUVENT ACCLAMÉS PAR LES AUTRES.

DE L'AUTRE :

DES FILLES DONT L'ACTIVITÉ PRINCIPALE EST D'ÊTRE LA PLUS JOLIE / COQUETTE ET QUI SONT ULTRA-SEXUALISÉES POUR ÊTRE DES MODÈLES POUR DES FILLETTES

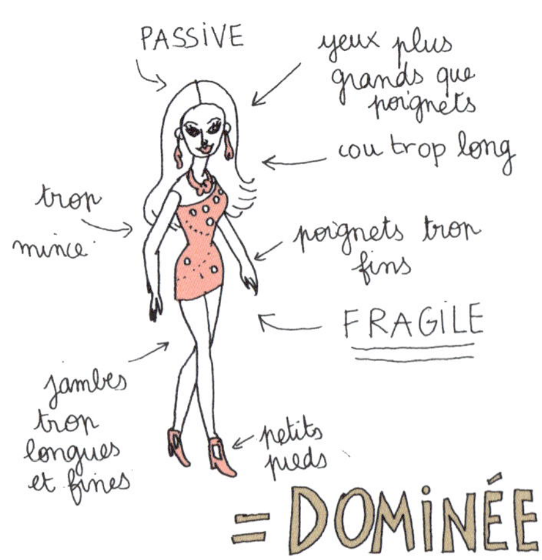

Et pendant que He-Man se bagarre contre Skeletor, que fait Barbie ?
Je fais la cuisine !
Store
j'attends Ken en faisant du shopping !
je suis une ado normale : j'aime m'amuser et je déteste les maths !
QUE DES CHOSES FUTILES
CERTES, BARBIE SORT PARFOIS DE LA MAISON POUR AVOIR UN MÉTIER :
toujours pleine de rose, quand même, qu'on sache bien dans quel camp elle est.
(plus de 130 métiers, même)
et des fois, je fais même un métier difficile !
mais en rose, faut pas exagérer !
MAIS CHOSE AMUSANTE : Barbie docteur et Barbie cosmonaute sont vendues PLUS CHER que Barbie sirène ou Barbie fée ou shopping ou magicienne !
Elles sont donc possédées par moins de gens !
hmm... je me demande bien quels effets ça peut avoir sur les fillettes dis donc !
MERCI ! C'était vraiment pas facile de voir que j'étais plus cool !
(réponse :
pff à bas les maths
Si seulement j'étais une FÉE !!)

III. ADIOS LES MUSCLÉS.

Ça fait pas mal de temps que les méga-Musclor partagent la scène avec des "regular guys":

Et, ENCORE MIEUX, on voit même, parfois en 1er rôle, plus souvent en second, des types maigrelets et d'autres gros: plus

ET, BIEN ENTENDU, CE SONT DES PERSONNAGES ACTIFS ET, LE PLUS SOUVENT, POSITIFS !
Qui ne trouve pas Jack Black sympa ?
Qui ne voudrait pas faire un bisou à Zach Galifianakis ?
EN NOUS MONTRANT TOUS CES TYPES DE PERSOS MASCULINS, ON NOUS LES REND ATTACHANTS, NORMAUX, ET MÊME ATTIRANTS
D'AILLEURS, IL REPARTENT SOUVENT AVEC LA FILLE.
Il faut donc quand même pas mal se voiler la face pour dire que Musclor est le modèle no 1 pour les garçons
Aaaah, comme il doit être doux de toujours pouvoir s'identifier, qu'on soit cool ou nul, gros ou maigre...
C'est pas pour rien que Spider-man, le héros ado geek loser qui sait pas draguer, a tant de succès
Parce que oui, c'est ça le but :
L'IDENTIFICATION
ET POUR LES FILLES ALORS ?
eh bien, comme je suis le plus souvent un intérêt amoureux, il faut bien que je sois belle !
coquette
mince
sexy
fragile
mince
mince
OR, PAR ICI, BEAUTÉ = BARBIE
=
JENNIFER ANISTON
KEIRA KNIGHTLEY
ZOOEY DESCHANEL
LES WINX
TOUJOURS LE MÊME CORPS !
MÊME AVEC L'APPARITION DE PERSONNAGES FÉMININS "BADASS", FORTS, ON A ENCORE DES FILLES TRÈS MINCES, SEXYS, PAS TROP GRANDES OU MUSCLÉES...
KATNISS (J. LAWRENCE)
HERMIONE (E. WATSON)
LARA CROFT
BUFFY (S.M. GELLAR)
BLACK WIDOW (S. JOHANSSON)

et pourquoi ça, me direz-vous ?
EH BIEN CAR ELLES SONT PENSÉES POUR LE REGARD MASCULIN*! EH OUI ! BINGO !
* masculin et hétéro, bien sûr.
POURQUOI VOUDRAIT-ON QUE LES FILLES QUI SORTENT DE LA NORME PUISSENT S'IDENTIFIER ET SE SENTIR BIEN, APRÈS TOUT ?
D'AILLEURS, QUAND ON VOIT DES FILLES GROSSES, ELLES SONT SOUVENT ULTRA-CLICHÉS !
la pauvre fille exclue qui écrit des fanfictions yaoi
OU
la meuf grande gueule un peu drôle qui s'énerve vite.
(par exemple)
MAIS n'oublions pas que sa caractéristique première c'est d'être
GROSSE !!
C'EST POUR ÇA QUE QUAND UNE GROSSE VA AVOIR UN MEC (0,3 % des cas) ÇA VA SEMBLER INCROYABLE, MAIS L'INVERSE, C'EST OK, C'EST NORMAL.
90 % de l'intrigue du film Bachelorettes : ses 3 "amies" se demandent comment Rebel Wilson a pu choper...
MAIS
Dans Knocked Up, c'est "bien joué" pour Seth Rogen d'avoir niqué Catherine Heigl.
EH OUI !
Car si tous les mecs peuvent séduire
ils veulent toujours la même fille !
IL EST MÊME RIGOLO (HORRIBLEMENT TRISTE) DE VOIR QUE SI LES PERSONNAGES MASCULINS SONT SOUVENT ACTIFS (COMME HE-MAN), LES FILLES SONT SOUVENT PASSIVES (COMME CETTE BONNE VIEILLE BARBIE) !
un petit exemple :
LA FILLE DANS LE GROUPE
BUTS DES PERSOS :
gagner le match
être accepté par son père
choper la fille
se faire choper
illustration : THE BIG BANG THEORY
intérêt amoureux

Conclusion :

Hmmm …
je me demande bien quel message on veut faire passer avec tous ces personnages si variés…
… peut-être …
SOIS BELLE (de la seule façon possible) OU N'EXISTE PAS.

C'est bon ? C'est compris maintenant ?
Qu'est-ce qu'on dit ?
Oui
snife
Pardon.
J'ai plein de muscles alors j'ai de la chance.
j'ai été idiot.
snife.

AMERICAN PIE

Film américain de Paul et Chris Weitz sorti en 1999.

Résumons ici rapidement le scénario pour ceux qui y auraient échappé :

4 bons amis puceaux qui se font un pacte = niquer avant la fin de la terminale (3 semaines avant la prom night)

Et ce qui nous amène à croiser plein de personnages secondaires pas du tout stéréotypés :

POURQUOI PARLER DE CE FILM ? Eh bien parce que :

les gens qui ont dix ans de plus que moi l'ont vu ados

les gens de ma génération l'ont vu ados.

les gens de l'âge de mon petit frère le voient en étant ados.

c'est donc un film qu'a vu, depuis plus de dix ans, une grosse partie des ados, et qui parle d'un sujet qui les concerne plutôt pas mal : **le sexe.**

Le gros point positif du film est d'ailleurs son message au niveau du sexe, donc.

À la fin du film, on se retrouve avec :

Kevin et Vicky ont perdu leur virginité ensemble, mais ça ne veut pas dire qu'ils vont devoir rester ensemble toute leur vie.

Oz et Heather ont couché ensemble parce qu'ils en avaient envie et pas pour prouver quelque chose.

Pour Jim et Michelle, on quitte les gros fantasmes et on montre que le "casual sex" c'est ok, que le sexe peut être simple et sans prise de tête

Bon, pour Finch qui couche avec une MILF, on a un truc un peu moins réaliste mais l'idée que tout le monde peut être "bon" au sexe.

= le sexe c'est bien, c'est fun, c'est sain et surtout CHACUN LE FAIT COMME ET SI* IL VEUT + le sexe c'est pas (vraiment) comme dans du porno.

*même si, comme on verra plus tard, le consentement c'est plutôt pour les ♂

on mentionne même le

plaisir féminin

+

= une très belle scène de cunnilingus

(bon après le film en parle pas cent fois non plus, mais quand même cool)

BON, mais du coup vous imaginez bien que pour contrebalancer ça, on a une foultitude de défauts (yeah)

• Déjà, beaucoup beaucoup BEAUCOUP de blagues homophobes/misogynes...

(eeeh oui, 90% des blagues sont contre Oz, puisqu'il fait de la chorale et a des sentiments, ces trucs de meuf, bouh il doit être homo)

→ film très hétérocentré (aucun personnage homosexuel)

- les filles sont montrées comme clairement plus sentimentales et obnubilées par l'Amûûûr ; tandis que les garçons, bon, c'est le cul.

Jessica, sur sa première fois

D'ailleurs, Jessica et Michelle, qui apprécient le sexe, sont montrées à cause de ça comme plus cools et dans la même team que les garçons (Jessica) ou les imitant (Michelle)

Vicky qui n'arrête pas de demander une déclaration d'amour et se laisse embobiner par des excuses foireuses mais romantiques

Heather qui apprend à Oz l'importance de l'amour. Ça n'est pas montré comme une mauvaise chose ; mais c'est la fille qui apprend ça au garçon, qui voulait juste tirer un coup à la base.

↳ du coup, ça débouche sur une claire séparation entre les genres (et en même temps bannit la possibilité d'une relation homosexuelle)

les garçons qui veulent vider leur zizi

au milieu, Jessica qui aide les garçons et Michelle qui les imite

les filles qui veulent l'amour pour toujours

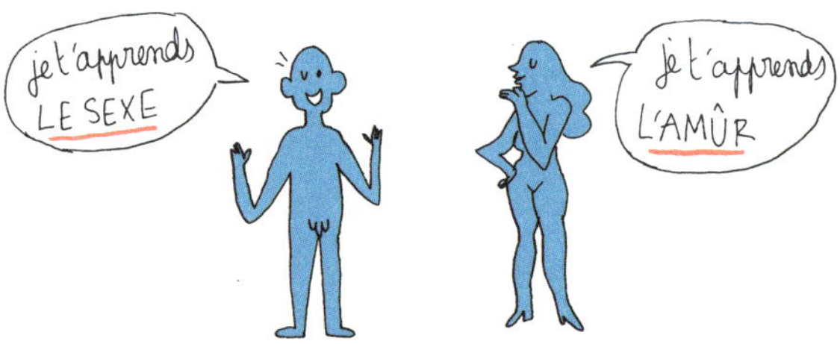

↳ en plus, ce n'est pas un film qui passe le Bechdel test :

pourtant, on a presque une égalité parmi les personnages les plus importants (et même une égalité si on compte la maman de Stifler) et donc **5 FILLES NOMMÉES**

↳ mais à part Jessica, elles sont toutes des **"love interest"** des garçons, qui sont eux les **héros** du film.

Les seules fois où deux filles parlent ensemble, ce sont Vicky et Jessica qui parlent de Kevin. → et même si le film se concentre sur les relations amoureuses, les garçons parlent en général et pas forcément d'une fille particulière

• le "I was used" (= "j'ai été utilisé") de Jim, à la fin, est montré comme positif.

Michelle et Jim font l'amour → Jim se réveille le lendemain et voit que Michelle est déjà partie. → Il réalise qu'elle l'a utilisé pour du sexe. → Il en est très satisfait.

➡ on voit bien la blague : il y a inversion des rôles ; dans le cliché c'est le garçon qui utilise la fille pour du sexe et se tire au matin. Sauf qu'en montrant que c'est cool, ici, on passe un message bizarre sur le sexe, où il faut duper l'autre.

+ ça renforce l'idée que les **garçons** veulent [penis] et **les filles** de l'♥
(sauf exceptions)

la seule chose qui rend Michelle cool, c'est le fait d'aimer le sexe. Pas la musique, pas sa personnalité (qui sont constamment moquées).

Alors qu'à côté, le film s'applique à nous rendre attachants 4 loseurs qui n'ont à peu près aucun but (à part niquer) et aucune passion (et ici, on nous les rend attachants pour leur personnage entier).

• Et la scène la plus gênante du film : celle avec Nadia.

Nadia demande à Jim un cours particulier après sa leçon de ballet (elle devra se changer chez lui)

Jim a alors une idée très gênante : il installe une web cam dans sa chambre...

...pour que tous ses copains puissent regarder !!! (et lui aussi)

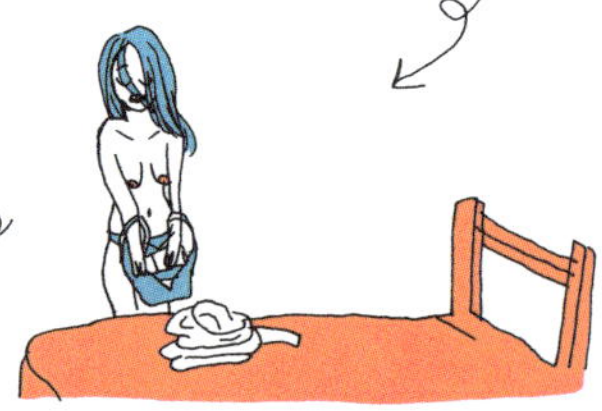

Nadia commence à se déshabiller...

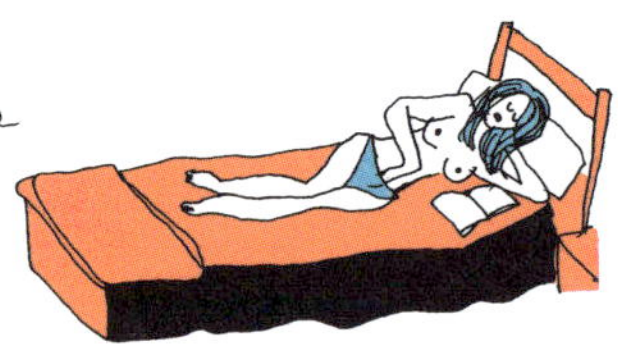

... et tout simplement, alors qu'elle est censée se changer rapidos, elle commence à se masturber !

Encouragé par ses amis, Jim rejoint Nadia qui, tout simplement, lui demande de faire un strip tease...

Naturellement, Nadia invite Jim à la rejoindre.

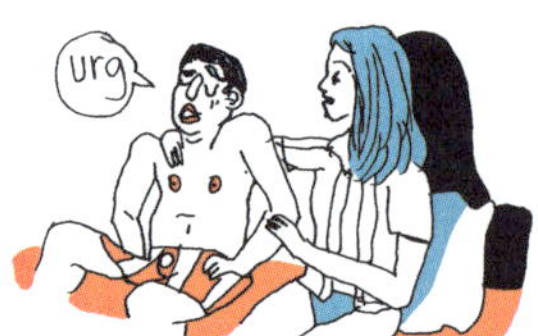

Il jouit ensuite 2 fois dans son caleçon et c'est fini.

En plus, finalement il y a eu un bug et tout le lycée a tout vu ! :)

Cette scène dure exactement **10 min** et **5 sec**. La plus longue du film.
(et je ne compte pas les discussions qui la précèdent)

↳ ET QU'EST-CE QUE CETTE BELLE SCÈNE NOUS APPREND ? (à part des clichés racistes sur les filles de l'Est ?)

- Que le consentement des filles, c'est pas si important. Même, c'est pas très viril !

+ tous les moments devant l'ordi "thank you God" ensuite.

↳ et parmi tous les gens qui regardent, tout le monde trouve que c'est parfaitement normal ! Youpi ! Même Nadia !

On quitte donc le teen movie pseudo crédible pour rejoindre pépère un petit scénario de porno. → donne l'impression que ça pourrait vraiment arriver

↳ en plus, merci pour le personnage féminin super complexe et intéressant → elle est complètement modelée sur un fantasme de fille sexy, étrangère, et un peu bêta/naïve.

\+ 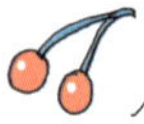 sur le  : la fin de l'histoire

Nadia est renvoyée chez elle, à l'aise.

Ben oui, vous comprenez, le principal a su qu'on l'avait vue nue sur Internet!

Mais bon, pas grave, elle en veut pas du tout à Jim, il lui fait même des strip-tease à la webcam!

Et Jim, d'ailleurs? Qu'est-ce qu'il retire de cette histoire?

Michelle veut coucher avec lui! Yay! Super morale!

(et pour finir, je glisse vite fait qu'à part deux-trois figurants, il n'y a que des blancs! Wouhou! Bien joué!)

Conclusion :

Malgré un bon message sur le sexe, American Pie est bourré à ras bord de sexisme, car il s'adresse aux

et que c'est important de bien apprendre des clichés sexistes aux garçons, voyons!

Car comme je l'ai dit au début, American Pie est un film qui a été vu par des tas d'adolescents, à un moment où ils s'interrogent sur le rapport au SEXE mais aussi sur notre rapport à l'AUTRE ⇒ message NÉGATIF (pas bravo)

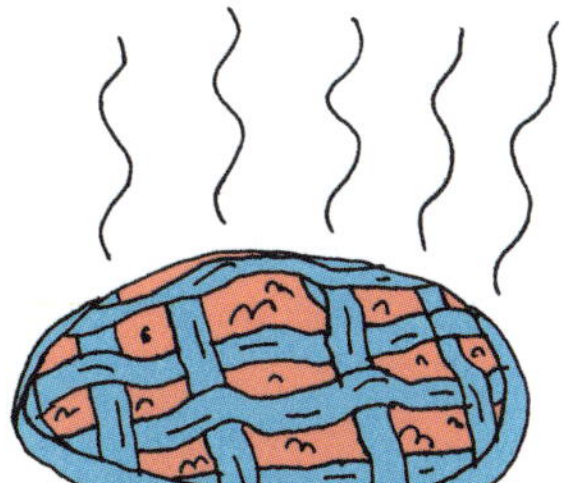

La Culture du viol

OU "JE ME SENS VACHEMENT AGRESSÉ PAR CE QUE TU DIS, ON DIRAIT QUE TU PENSES QUE TOUS LES HOMMES SONT DES VIOLEURS !!!"

QU'EST-CE QUE LA CULTURE DU VIOL ?

QU'EST-CE QUE ÇA DONNE COMME CONSÉQUENCES ?
Le viol est moins pris au sérieux, et on blâme d'abord les victimes
Ça crée aussi une idée très précise et réductrice de ce qu'est un viol :
inconnu + couteau
ruelle sombre
violence physique
Y a le viol violent...
Et le viol doux. Lui, ça va.
→ UN VIOL, C'EST L'ABSENCE DE OUI DANS UNE RELATION SEXUELLE.
OUI
CONDITION SINE QUA NON
France :
80%
1/3
viols
viols conjugaux
LA PLUPART DES VIOLS SONT COMMIS PAR QUELQU'UN QUE LA VICTIME CONNAÎT
LA VIOLENCE N'EST PAS FORCÉMENT PHYSIQUE, ELLE PEUT AUSSI ÊTRE MORALE : CHANTAGE, MENACES, "CONDITIONNEMENT", SURPRISE...
Ce n'est pas le seul mythe sur le viol qui est créé par cette culture du viol.
par exemple :
on viole plus dans les milieux populaires !
→ non →
On CONDAMNE plus chez les milieux dits populaires...
+ de surveillance
+ de préjugés ...
filles de cadres & cadres
artisanes/ commer-çantes
↳ catégories sociales avec le ⊕ de viols...
Un homme ne peut pas se faire violer ! Les hommes ont toujours envie !
↳ INJONCTION À LA VIRILITÉ = VOULOIR TOUT LE TEMPS DU SEXE
C'EST FAUX, ET ÇA CRÉE UNE HONTE D'EN PARLER CHEZ LES VICTIMES
violé ? haha
la chance, héhé !
HOMME VIOLÉ PAR UN HOMME ?
La honte, il est trop faible !!!
HOMME VIOLÉ PAR UNE FEMME ?
Ça peut pas être un vrai viol, j'avais dû le vouloir !
↳ la très forte vidéo "Why Rape is Hilarious" d'A. Bailey
Seules les belles filles se font violer !
C'est un "argument" utilisé en procès !
Pourquoi la violer quand il aurait pu avoir mieux ?!
LES ÉTUDES MONTRENT QUE L'APPARENCE NE JOUE PAS SUR LE RISQUE DE VIOL

Au final, le résultat est qu'on croit MOINS (ou plus du tout) les victimes.
Sur 75000 viols par an, seulement 10% des victimes portent plainte ?!
Pourquoi pas PLUS ?
DÉJÀ, PARCE QU'ELLES SONT RAREMENT CRUES :
Je suis pas sûr que la justice verra ça comme ça !
↳ C'est un cercle vicieux...
ENSUITE, PARCE QUE C'EST UN PROCESSUS ÉPUISANT :
Vous étiez habillée comment ?
Vous êtes sûre de pas avoir dit oui ?
L'accueil par la police laisse souvent à désirer, et du coup est très difficile à vivre...
Seulement 3% des plaintes finissent par être jugées en cour d'assises :
C'est parti pour 3 à 5 ans de procédure !!
Tu vas pas un peu loin ?
Tu l'as un peu cherché...
Tu vas ruiner sa vie !
C'est pas vraiment du viol !
Pendant cette longue et éprouvante période, le soutien extérieur n'est pas garanti → remise en cause
DE PLUS, UNE FEMME QUI CROIT AUX MYTHES SUR LE VIOL AURA MOINS TENDANCE À PORTER PLAINTE :
Ça s'est pas passé dans une ruelle sombre...
C'était pas un inconnu mais mon copain...
Y a pas eu de violence physique...
S'il te plaît ! Sinon je me tue !!!
C'était probablement pas un viol...
ET BIEN SÛR, L'HORRIBLE MYTHE DE "LA FAUSSE ACCUSATION DE VIOL" FINIT DE LES DÉCRÉDIBILISER.
C'est TRÈS rare
Plus de gens mentent sur des vols que sur le viol, et devinez qui est accusé de mentir le plus souvent ?
Et faut-il préciser que si l'accusé est "sympathique"...
...L'opinion publique se range souvent de son côté ?
Par exemple, dans le cas de célébrités, comme lorsque Polanski a été accusé de viol sur une mineure droguée...
13 ans ? Elle en faisait 25 !
Costa Gavras
AFFAIRE DE STEUBENVILLE
Oui ils ont violé et photographié une fille...
Mais ça va ruiner leur vie !! Snif !!
Ou encore quand les accusés sont de jeunes hommes blancs aisés...
URK
CIMER LA CULTURE DU VIOL !!

Culture du viol, culture du viol...
Je suis pas sûr que ce soit la faute des médias hein!
EST-CE QUE:
PUB SEXISTE
+
TYPE LAMBDA
=
VIOLEUR
?
Nope
EN REVANCHE, ÇA CONTRIBUE À CRÉER DES MYTHES SUR LE VIOL, ET ÇA RENFORCE L'IDÉE QUE LE VIOL C'EST BANAL ET SEXY...
Des études montrent que la propension au viol est aussi liée à l'acceptation des mythes sur le viol!
ON A AUSSI MONTRÉ QUE PLUS L'ACCEPTATION DE CES MYTHES EST GRANDE CHEZ LES AUTRES, PLUS LA PROPENSION INDIVIDUELLE AU VIOL AUGMENTE:
SEXE: LUI PLAIRE
CULTURE DU VIOL
+
OK!
PLEIN DE GENS LAMBDA
=
OK?
DAVANTAGE DE VIOLS.
Bien sûr qu'il y a des motivations extérieures...
Mais on voit clairement que ces mythes sont utilisés par les violeurs pour se justifier et s'excuser...
On vit dans un monde où quand des mecs violent une fille, filment, et mettent ça sur internet...
La plus grosse réaction est de traiter la fille de "salope"!...
→ PAS ÉTONNANT DE FINIR PAR SE DIRE QUE C'EST LA NORME.
OUI MAIS BON!
OUIN
ON VA PAS SE CENSURER NON PLUS!
On parle bien de meurtre ou de torture!
On fait même des blagues dessus
OUI, SAUF QUE
!!!
CE SONT DEUX CHOSES MAJORITAIREMENT CONDAMNÉES PAR LA SOCIÉTÉ!
ON SAIT QUE TUER =
MAL
Mais comme on l'a vu, beaucoup moins que violer c'est mal aussi...
Du coup, se moquer de victimes qui sont déjà enfoncées par la société...
ÇA REPRODUIT UN SCHÉMA OPPRESSIF!
HA HA

POUR CONTRER LA CULTURE DU VIOL :
Il faut déjà commencer par arrêter de rejeter la faute sur les victimes !
Vu sa tenue elle demandait que ça !
↳ NON
Il fallait pas boire autant !
↳ NON
Surveille bien ton verre !
↳ NON
IL FAUT : APPRENDRE AUX GARÇONS À NE PAS VIOLER + DÉTRUIRE LES MYTHES SUR LE VIOL
Ça passe aussi par traiter correctement les affaires de viols
ARRÊTER D'UTILISER DES TERMES BIAISÉS
JOURNAL
UN AMOUR PASSIONNEL MAIS À SENS UNIQUE
Je ne pensais pas que je faisais du mal.
ouin
ARRÊTER DE NE DONNER LA PAROLE QU'À L'ACCUSÉ
ARRÊTER D'ACCUSER LES VICTIMES :
blabla bla l'air provocateur de la jeune fille bla
13ans?
ENTRE AUTRES.
Et par rapport à la représentation ?
SORTIR DE CETTE TERRIBLE REPRÉSENTATION BINAIRE
Je suis une victime de viol et seulement ça !
J'ai subi un viol mais pas montré comme tel donc 0 conséquence psy !
hinhin
ARRÊTER D'UTILISER LE VIOL COMME UNE PUNITION POUR LES PERSONNAGES FÉMININS FORTS/IMPORTANTS
ARRÊTER D'UTILISER LE VIOL POUR CHOQUER !
ARRÊTER DE MONTRER LE VIOL COMME QUELQUE CHOSE DE SEXY (urk)
Sexy = consentement
Bon elle était ivre morte mais c'était super !
ARRÊTER DE MONTRER DES VIOLS SANS LES PRÉSENTER COMME TELS.
ARRÊTER D'UTILISER LE VIOL D'UN PERSO FÉMININ POUR MOTIVER UN PERSO MASCULIN !!!
Je suis tellement un chic type !
BREF : ARRÊTER DE TRAITER DU VIOL SI C'EST POUR MAL LE FAIRE !
Si vous voulez vraiment traiter du viol, alors faites-le bien. Renseignez-vous, écoutez les concerné-e-s, prenez en compte les réalités de la question et les séquelles psychologiques des victimes.
C'EST UN SUJET QU'ON NE PEUT PAS TRAITER À LA LÉGÈRE !
Alors : Attention !

SIXTEEN CANDLES
J'ADORE les teen movies.
visage émerveillé en repensant à tous ces moments passés devant des adolescents qui chouinent
C'est la seule catégorie de films que je regarde même si on me dit "ATTENTION CE FILM EST TRÉS MAUVAIS!".
DES RÉÉCRITURES DE PIÈCES CLASSIQUES?
OK!
DES HISTOIRES D'AMOUR IMPOSSIBLES?
O.K!
DES FILLES COOLS QUI RÈGNENT SUR LE LYCÉE?
OKÉÉÉ !!!!!
ET QUI DIT TEEN MOVIES DIT JOHN HUGHES:
réalisateur d'un tas de films emblématiques du genre
The Breakfast Club
BUELLER'S DAY OFF
HOME ALONE
dont celui dont je veux vous parler:
Sixteen Candles
(en VF, Seize bougies pour Sam)
Résumé:
Molly Ringwald
ON SUIT SAM, 16 ANS, LE JOUR DE SON ANNIVERSAIRE
SA SOEUR SE MARIE ALORS TOUT LE MONDE OUBLIE SON ANNIF :(
EN PLUS, ELLE EST AMOUREUSE DU MEC LE PLUS POPULAIRE DU LYCÉE, MAIS C'EST LE LOSER QUI LA KIFFE...
SPOILER
ON SE DEMANDE COMMENT ÇA VA FINIR !!!?!
On a donc un scénario hyper classique:
FILLE MAL DANS SA PEAU, UN PEU EFFACÉE
QUI VEUT LE MEC POPULAIRE, QUI SORT AVEC LA FILLE POPULAIRE
ET QUI FINIT PAR L'AVOIR, PARCE QUE FINALEMENT IL VOULAIT JUSTE UNE FILLE QUI L'AIME POUR LUI...
MAIS
JE VEUX SURTOUT PARLER DE DEUX ASPECTS DU FILM.

1. Ultra-racisme, OUPSSS.

IL Y A UN PERSONNAGE D'ÉTUDIANT CHINOIS QUI S'APPELLE LONG DUK DONG

PAR EXEMPLE, ON A :

DES BRUITS DE GONG DÈS QU'IL APPARAÎT...

PARLE TRÈS MAL AVEC UN GROS ACCENT ET UTILISE DES PHRASES SIMPLISTES / TOUTES FAITES

CETTE SCÈNE... ....

PASSE 90 % DU FILM SOÛL, À ÊTRE STUPIDE ET OBSÉDÉ.

Bref. Quelle belle représentation du seul personnage de couleur !

2. Un viol légitimé.

VOUS REGARDEZ TRANQUILLOU UN PETIT TEEN MOVIE...

ET D'UN COUP, LE DRAME :

DÉTAILLONS CETTE SCÈNE :

les personnages :

mise en situation :

C'EST LA FÊTE CHEZ JAKE

CAROLINE EST IVRE MORTE, INCONSCIENTE

ELLE EST "MISE" DANS LA CHAMBRE DE JAKE, SON PETIT AMI, PENDANT QUE CELUI-CI DISCUTE AVEC TED À LA CUISINE

ET QUE SE DISENT CES SI CHARMANTS JEUNES HOMMES ?
Est-ce que c'est VRAIMENT à Sam ?
Oui oui elle me l'a donnée.
Au fait elle te kiffe !
blabla les filles sont des allumeuses blabla jeu de pouvoir
Mais attention ! Fais pas de mal à Sam !
Elle est gentille !
PFF t'inquiète je nique quand je veux !
Regarde, y a Caroline, ivre morte, inconsciente, dans mon lit.
JE POURRAIS LA VIOLER DIX FOIS SI JE LE VOULAIS.
Hiiiiii
ON A DONC UN MEC QUI DIT PÉPOUZE QU'IL VA ALLER VIOLER SA COPINE INCONSCIENTE.
Oh non pardon.
qu'il POURRAIT aller la violer.
Tout va bien alors...
Reprenons
WHAT ARE YOU WAITING FOR ??
Elle est belle et bien foutue mais...
Elle connaît rien à l'amour, elle veut juste faire la fête !
Je veux juste une fille que je peux aimer et qui m'aimera en retour
cé trop bô

OH OUI SI MIGNON IL VEUT JUSTE UNE FILLE À AIMER LE PAUVRE !!!!
AAAARG
Ahem
On voit donc qu'une technique astucieuse est utilisée !
DÉVALUER CAROLINE !
(le bon vieux SLUT-SHAMING !)
FILLE POPULAIRE
PRÉTENTIEUSE
FUTILE
BOIT DE L'ALCOOL (oh là là !)
N'♡ PAS VRAIMENT JAKE
HORRIBLE PERSONNE
ET DU COUP (car non, ce n'est pas fini !) :
Eh, faisons un deal !
Tu me donnes la culotte de Sam et je te laisse ramener Caroline !
lol
Mais attention, la laisse pas dans un parking n'importe où !
Elle est tellement défoncée qu'elle verra pas la différence !
WINK WINK
AAAARG
ouille
ouin ouin
snife
TRANQUILLEMENT, ON NOUS EXPLIQUE QUE CAROLINE NE VAUT PAS GRAND-CHOSE ET QU'ON PEUT L'UTILISER COMME UN OBJET.
SUPER !!!!
ET POUR FINIR EN """BEAUTÉ""" :
WOOHOO
Hihi la pilule ça permet d'être super super inconsciente !!!
je t'aime...
haha quelle super situation finalement !

→ ÇA INSISTE BIEN SUR LE FAIT QU'ELLE EST UNE MAUVAISE FILLE QUI COUCHE PUISQUE SUPER SOÛLE + PILULE CONTRACEPTIVE...

hiiiiiiiiiiiiiiiiiiiiiiin
Récapitulons:
1. JAKE prête à TED sa copine soûle, CAROLINE, contre une culotte de SAM
2. On nous fait comprendre que TED a couché avec une CAROLINE dans les vapes/trop ivre pour consentir (=VIOL)
c'est donc ça la tension sexuelle...
3. Mais bon, c'est OK, elle a aimé puis ça lui a permis de trouver l'amour, c'est super !
Wow ! Tous les geeks devraient faire comme moi !
IL Y A EN PLUS CE TRUC DE DÉVALUER TRÈS FORT CAROLINE PENDANT TOUT LE FILM POUR LA RENDRE SYMPATHIQUE À LA FIN :
en fait tout est de ma faute
c'est vrai
Mais cette expérience m'a sauvée et a fait ressortir le bon en moi !!!
HM...
JE ME DEMANDE BIEN QUEL MESSAGE ÇA FAIT PASSER...
Coucher avec une fille soûle, c'est ok, c'est pas du viol !
Ben même si c'est du viol c'est pas grave, c'est rigolo !
En plus une fille qui boit elle l'a bien cherché !
Surtout si elle est pas sympa !
Et puis parfois un peu forcer la fille ça peut être bon pour elle, hein !

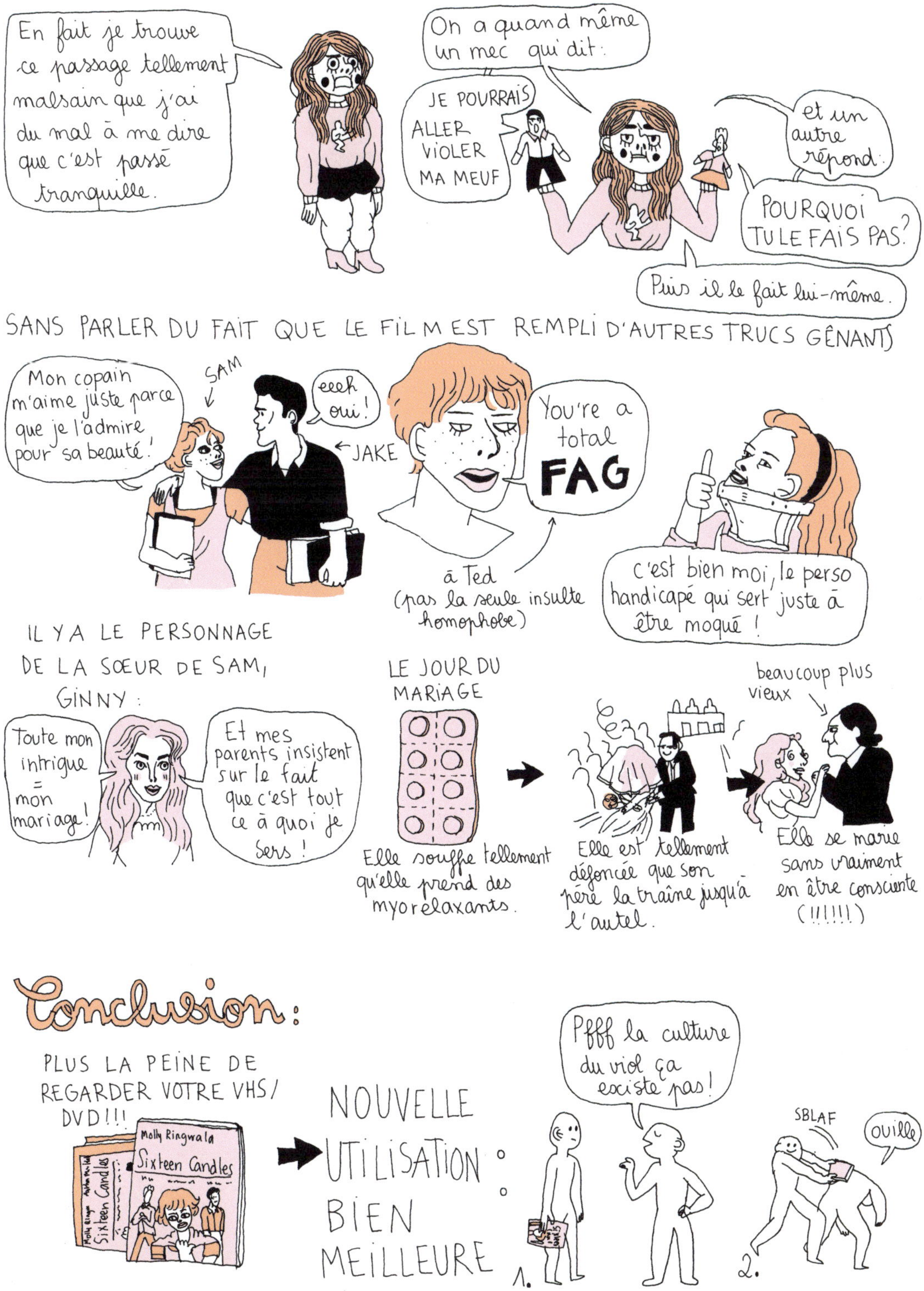
En fait je trouve ce passage tellement malsain que j'ai du mal à me dire que c'est passé tranquille.
On a quand même un mec qui dit :
JE POURRAIS ALLER VIOLER MA MEUF
et un autre répond :
POURQUOI TU LE FAIS PAS ?
Puis il le fait lui-même.
SANS PARLER DU FAIT QUE LE FILM EST REMPLI D'AUTRES TRUCS GÊNANTS
Mon copain m'aime juste parce que je l'admire pour sa beauté !
SAM
eeeh oui !
JAKE
You're a total FAG
à Ted (pas la seule insulte homophobe)
C'est bien moi, le perso handicapé qui sert juste à être moqué !
IL Y A LE PERSONNAGE DE LA SŒUR DE SAM, GINNY :
Toute mon intrigue = mon mariage !
Et mes parents insistent sur le fait que c'est tout ce à quoi je sers !
LE JOUR DU MARIAGE
Elle souffre tellement qu'elle prend des myorelaxants.
Elle est tellement défoncée que son père la traîne jusqu'à l'autel.
beaucoup plus vieux
Elle se marie sans vraiment en être consciente (!!!!!!)
Conclusion :
PLUS LA PEINE DE REGARDER VOTRE VHS/DVD !!!
Molly Ringwald
Sixteen Candles
NOUVELLE UTILISATION BIEN MEILLEURE :
Pfff la culture du viol ça existe pas !
1.
SBLAF
OUILLE
2.

FRIENDZONE / GIRLFRIENDZONE :
deux faces d'une même pièce pourrie
Hey ! Je dois passer à la Poste, t'avais pas un colis à poster ? On se retrouve là-bas ?
ah ben oui ! Chic !
TIMBRES
Bon ben c'était cool, à demain !
allumeuse
ouais ouais c'est ça.
Bwaha mec ! Tut'es tellement fait FRIENDZONER !
La honte !!!
MAIS QU'EST-CE DONC QUE LA FRIENDZONE ?
→ quand une fille voit un type comme un ami plutôt qu'un petit ami potentiel.
Mais qu'est-ce que j'ai fait pour mériter ÇA ?
Si on cherche "friendzone" sur GOOGLE, on trouve de bien belles choses :
C'est parce que tu t'es comporté comme un ami INDOFFENSIF
(ARG)
elle vous voit comme un GAY
(URG)
pas assez VIRIL
(BERK)
EN GROS, VOUS ÊTES TROP SYMPA AVEC UNE FILLE POUR QU'ELLE SE SENTE SEXUELLEMENT MENACÉE, DU COUP ELLE PENSE QUE VOUS ÊTES GAY ET DONC FORCÉMENT EFFÉMINÉ (FORCÉMENT) = PAS DE SEXE POUR VOUS.

il y a aussi de super conseils pour résoudre ce dur problème :

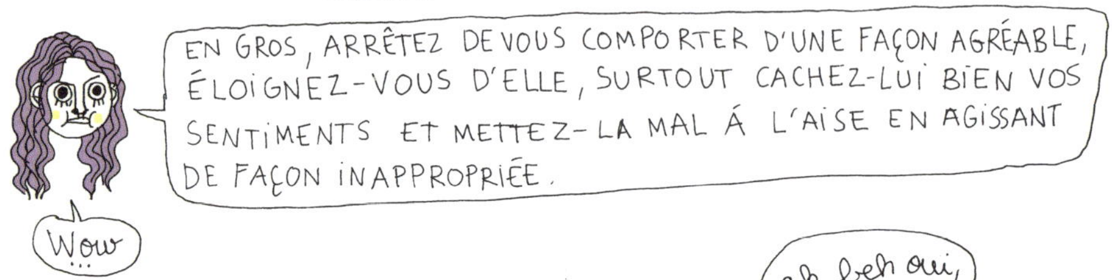

et la conclusion finale =

Pourquoi est-ce PROBLÉMATIQUE ?

-> le concept de FRIENDZONE va le plus souvent de pair avec le personnage du NICE GUY :

-> le problème doit, selon le NICE GUY, forcément venir de la fille (ou de sa mère castratrice /du féminisme en général, puisque c'est selon lui ce qui dirige le monde en douce) (haha...), mais SURTOUT PAS de lui, le pauvre !

→ en plus d'être sexiste, c'est bien sûr homophobe (deux bien belles notions qui vont souvent ensemble) : se faire friendzoner, c'est perdre sa VIRILITÉ. La représentation de ce cas dans les médias le montre.

KICK ASS, avec Dave et Katie

Six feet UNDER, avec Claire et Russel

etc.

→ en gros, cette histoire de NICE GUY, qu'est-ce que ça veut dire ?

- déjà, que les filles sont stupides et incapables de savoir avec QUI sortir ou coucher.

- le NICE GUY, lui, se voit comme HYPER GENTIL et ne va pas comprendre que malgré ça, la fille ne va **pas** réaliser qu'elle l'aime.

↳ =>

→ tout le problème est contenu dans cette question : être gentil n'est pas censé servir à quelque chose !

→ IDÉE QUE LE SEXE EST UNE RÉCOMPENSE

→ et devinez quoi : on a ici un lien direct avec la **CULTURE DU VIOL** !

• de plus, la FRIENDZONE est sexiste aussi parce qu'elle n'est vue que par les yeux des (surprise) HOMMES

↳ si on retourne le problème, on obtient le **GIRLFRIENDZONING**

QU'EST-CE QUE C'EST ?

. Sur REDDIT, une utilisatrice décrit trois types de GIRLFRIENDZONING, dont un est problématique :

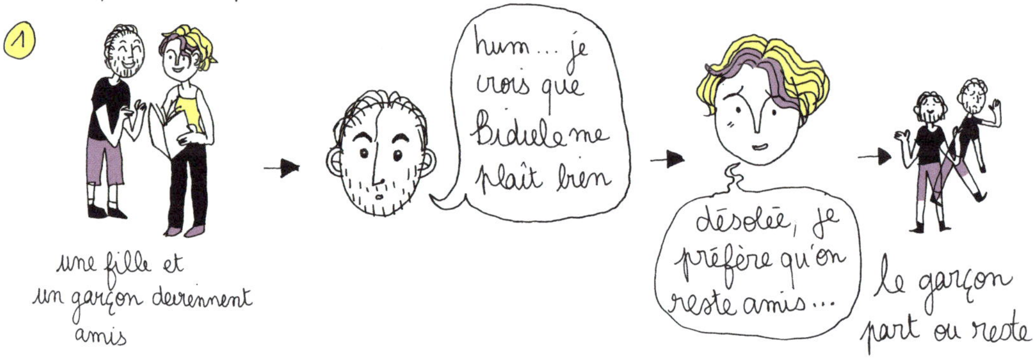

→ pas vraiment du GFzoning puisque, non seulement c'est beaucoup moins hétérocentré et que ça peut aussi se passer dans le sens inverse, mais surtout parce que LES DEUX PARTIES SE CONNAISSENT UN PEU → l'attirance n'arrive qu'après

→ ici encore, pas vraiment du GFzoning, puisque peut arriver entre tous les sexes, et à nouveau, les deux personnes se connaissent vraiment.

③

un garçon rencontre une fille et entreprend de la séduire

→

mais dès qu'il comprend que ça ne marchera pas…

→

le garçon s'en va sans considérer une autre relation avec la fille

→ BINGO ! On a ici du bon vieux GIRLFRIENDZONING ! Le garçon ne cherche pas vraiment à connaître la fille, il la voit uniquement comme du "girlfriend material" et le lui reproche.

Pourquoi c'est problématique ?

→ ici, on reproche à la fille de n'avoir pas offert son coeur / son entrejambe (ça vous rappelle quelque chose ?)
↳ comme si elle était punissable pour ça

• quand une fille se fait GFzoner, elle se voit refuser le statut de personne à part entière :

elle n'est visible que via le prisme amoureux ou sexuel.

→ idée que la fille ne peut exister qu'à deux, dans le **COUPLE**, et pas en tant qu'individu propre

• en plus, ça renforce l'idée **STUPIDE** qu'homme et femme sont différents et incompatibles :

→ ne se comprendraient pas assez pour être **amis**

→ sont incapables de faire autre chose que de se COMPLÉTER amoureusement

+ **HÉTÉROCENTRISME** NUL !

→ on obtient donc

Conclusion :

Avec la GIRLFRIENDZONE, la fille est **dupée** sur la marchandise :

→ Résultat : on insulte implicitement la fille en lui montrant qu'elle n'est bonne qu'à **une chose** → quelle solution a-t-elle ? Retarder au maximum le moment de dire qu'elle a un copain / qu'elle n'est pas intéressée pour qu'on continue à lui parler ?

=> au contraire, avec la FRIENDZONE, le garçon se sent floué alors que dans la plupart des cas, c'est lui qui s'est trompé sur la marchandise.

mon merveilleux conseil :

What if ?
(ET (BEAUCOUP) PLUS SI AFFINITÉS EN VF)
C'est une comédie romantique sur l'amitié homme-femme et la fameuse """ FRIENDZONE """"
↳ POURQUOI LA REGARDER ?
Il y a ♥ Daniel Radcliffe ♥ bien sûr !
Et puis c'est rigolo.
SOYONS CLAIR-E-S DÈS LE DÉPART. L'HISTOIRE C'EST :
oh oh c'est la fille de mes rêves mais elle est en couple...
On est juste amis, c'est OK !
Pfff, l'amitié fille-garçon, ça existe pas !
DONC...
Pas le meilleur point de départ !
→ POURQUOI ?
I. Le Point De Vue :
On voit tout par les yeux du gars.
Snife
FRIENDZONE
ÇA RENFORCE L'IDÉE QUE FRIENDZONE = TRUC DE MEC
Eh oui !
Parce que nous on se LAISSE séduire, on est pas ACTIVES ! Hihi !

II. Les Personnages Sont Assez Clichés :

III. Il N'y A Que Les Filles Qui Trompent :

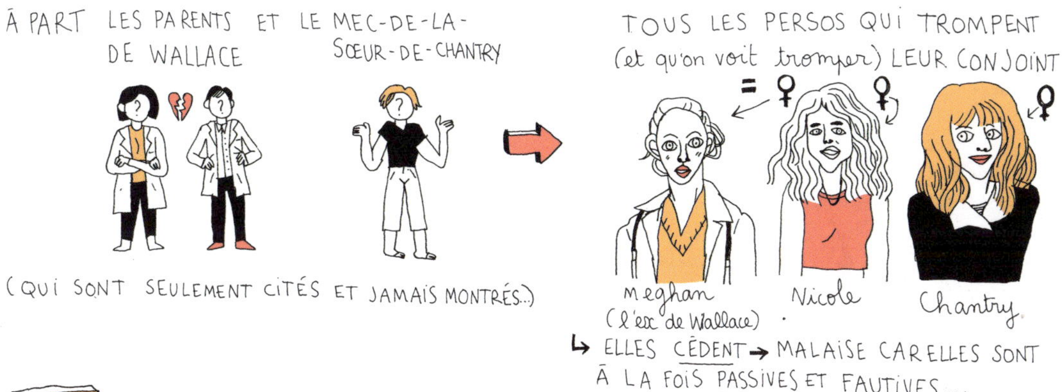

IV. Le Malaise De La Friendzone :

UN TRUC QUI M'AVAIT DONNÉ ENVIE DE VOIR LE FILM : UNE INTERVIEW DE DANIEL RADCLIFFE.

V. La Culpabilisation de Chantry :

MAIS ENSUITE :
Je crois que j'ai tout foiré avec Wallace.
Chantry
sa sœur
Je l'ai traité de MENTEUR
snife
ARG
MAIS NON ! C'EST PAS TA FAUTE !
heureusement :
(plus tard)
Je suis VRAIMENT désolé pour Dublin...
mais BON
IV. Plein de Détails Malaise... :
. PLUSIEURS BLAGUES GÊNANTES, PAR EXEMPLE :
Il faut être 100% honnête dans son couple !
100% ? Ça veut dire que t'as parlé de Favia à Nicole ?
Elle ressemblait vraiment à une femme pour ta défense !
99% honnête.
BERK
ARG, cimer la blague transphobe
URK
(et homophobe)
NAZE
. LA REPRÉSENTATION EST NULLE :
0 PERSONNE DE COULEUR → 0 PERSO L.G.B.T. ⇒ 0 PERSO QUI N'EST PAS UN/E HÉTÉRO BLANC/HE AISÉ/E VALIDE ET MINCE...
Conclusion :
On peut facilement se passer de ce film qui se veut moderne et cool
Ceci dit :
TEAM GRYFFONDOR
hé hé
C'EST DRÔLE (SOUVENT) + C'EST BIEN JOUÉ + C'EST CLICHÉ MAIS BIEN ÉCRIT.
(c'est lui qui la suit à la fin)
Dommage que la "morale" soit ratée...
La "friendzone" = 0/20
+ LES SOURCILS DE DANIEL RADCLIFFE
Je t'aime quand même
forever.

Les hommes peuvent-ils être FÉMINISTES ?

Spoil : si, en fait, on en parle tout le temps.
Attention : c'est vrai que le féminisme est utile aux hommes, qui souffrent aussi de stéréotypes de genre...
MAIS DEVOIR TOUJOURS LE RAPPELER POUR RÉUSSIR À "CONVAINCRE" LES HOMMES DE S'INTÉRESSER AU FÉMINISME... BON.
Oui oui, y a du sexisme mais bon moi ça me touche pô alors je m'en fous...
Ouais bof hein, si ça me rapporte rien de concret, je vois pas pourquoi je le ferais...
Mais bon, partons du principe que les garçons qui veulent être féministes sont cools et conscients des enjeux du féminisme !
(PAR EXEMPLE EN TAPANT "FÉMINISME" DANS GOOGLE)
WOW
Comment être un homme féministe ?
1. ÉCOUTER LES CONCERNÉES :
MAIS !
Désolé mais d'habitude mon avis est vu comme TRÈS important !
Justement !
LA SOCIÉTÉ NOUS ENVOIE UN MESSAGE TRÈS CLAIR :
HOMME BLANC CIS HÉTERO
CHUT !
↳ DU COUP, IL FAUT FAIRE ATTENTION À LAISSER LA PAROLE AUX FEMMES, POUR UNE FOIS ! (ET PLUS !!!!)
MEETING FÉMINISTE
blabla bla
↳ À ÉVITER, DONC...
Ça a l'air simple...
Mais pourtant c'est un vrai problème.
EN PLUS, LE FÉMINISME DEVANT ÊTRE INTERSECTIONNEL, ÇA FAIT PLEIN DE CHOSES À APPRENDRE SUR PLEIN DE SUJETS !

Ça veut aussi dire ne pas remettre en cause leur parole...
Désolé mais j'ai du mal à croire que 100% des femmes se soient fait harceler !
GROS NAZES
Euh désolé mais j'appellerais pas ça un "viol" !
HURK
Si tu ne sais rien sur un sujet qui ne te concerne pas => CHUT.
2. S'ÉDUQUER
S'étiqueter "féministe"...
...Ne revient pas à devenir "prof de féminisme".
LES FÉMINISTES NE VOUS DOIVENT RIEN
Même si vous avez les meilleures intentions du monde ! C'est oK !
S'IL Y A UN TERME OU UN CONCEPT QUE VOUS NE COMPRENEZ PAS, INTERNET EST REMPLI D'INFORMATIONS MERVEILLEUSES !
WOW!!!
Mais du coup si je discute féminisme dans la vraie vie, je peux pas poser de questions ?
Si.
Le point c'est de ne pas recentrer la discussion autour de toi (et ça marche encore plus dans les discussions en ligne).
Google
LIVRE SUR LE SUJET
LES BONNES ASTUCES DE L'ALLIÉ FÉMINISTE !
3. AGIR CORRECTEMENT
• CORRIGER LES GENS QUI DISENT DES TRUCS SEXISTES :
Quand t'es un mec, ok, mais pour une meuf ça fait pétasse...
WOW Slutshaming !
• NE PAS SOUTENIR LES COMPORTEMENTS SEXISTES :
Hey sexy ! Wouhou !
Crétin.
• PRENDRE CONSCIENCE DE SES PRIVILÈGES ET ESSAYER DE NE PAS EN PROFITER :
Hey ! Participe à ce débat sur le féminisme !
INTERVENANTS INVITÉS
Hmmm, euh, demandez à des femmes en fait
(Ça permet d'éviter aux féministes de réexpliquer un milliard de fois des trucs de base + de casser cette "solidarité machiste")

4. NE PAS ATTENDRE DE RÉCOMPENSE :
J'agis comme un être humain décent ! Où est mon cookie??
BRAVO DE NE PAS ÊTRE HORRIBLE
Un homme féministe n'a pas plus de mérite qu'une femme féministe !
Mais c'est une idée qu'on entend souvent, même de la bouche de femmes...
Wah, mais ce qui rend ta démarche encore plus formidable, c'est que t'es un homme !
↳ NOPE
SI TU DEVIENS FÉMINISTE, C'EST PARCE QUE TU Y CROIS, PAS POUR ÊTRE RÉCOMPENSÉ.
Surtout que c'est un peu ironique...
...Étant donné que le féminisme vise à établir l'égalité des genres.
À bas la domination masculine !!!
(Mais est-ce que je peux avoir une médaille?)
↳ UN PEU RIDICULE
Oui, l'égalité demande aux hommes de perdre leurs privilèges...
Mais un privilège c'est quelque chose d'injuste et c'est pas vraiment un sacrifice, vous inquiétez pas !
5. PAS DE "NOT ALL MEN"
Ah mais ouais c'est trop chiant, tous les mecs font des trucs comme ça
Désolé mais PAS TOUS LES MECS !
ON SAIT !!!
Mais si ton premier réflexe c'est de rappeler ça au lieu de te demander pourquoi tant de mecs craignent...
L'EXEMPLE DU BOL DE BONBONS :
→ 1 sur 10 est empoisonné
→ Un peu stressant d'en manger une poignée...
Bref !
Youpi, des hommes féministes !
On a besoin d'alliés, pas pour nous "libérer" mais pour ne pas nous mettre de bâtons dans les roues !
PATRIARCAT
Non non c'est OK allez-y !
Donc c'est cool ! Youpi ! Trop hâte du moment où on sera tous contents !

Google
feminisme
BUTLER

JACKY AU ROYAUME DES FILLES

C'est l'histoire de Jacky, qui habite seul avec sa mère dans un petit village de la République démocratique de Bubunne...

... et en République démocratique de Bubunne, le pouvoir est détenu par les femmes, et cette gynocratie est dirigée d'une main de fer par la générale.

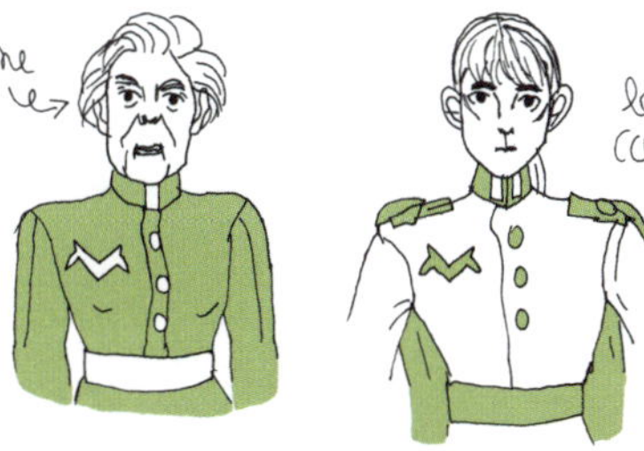

Des tas de malheurs arrivent à Jacky:

Sa mère meurt et il doit aller vivre chez ses cousins, qui le martyrisent.

Heureusement, sa bonne fée Julin, hommiste de son état, va l'aider à réaliser son rêve...

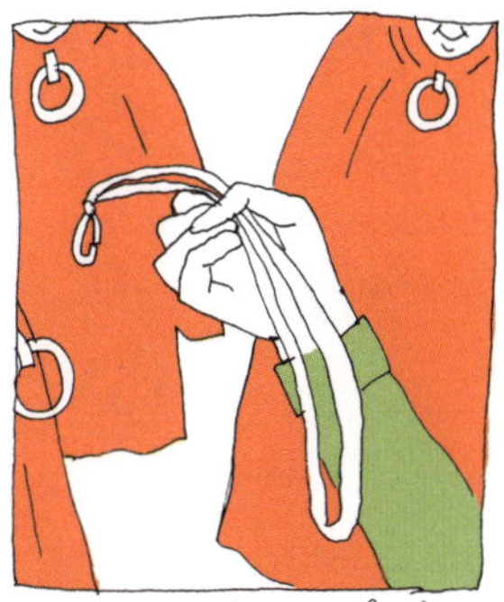

... pour assister au bal où la colonelle doit choisir son futur marion. (= époux)

→ On a donc ici quelque chose qui se rapproche du genderbent (= inversion des genres, souvent de personnages, mais parfois inversion complète des rôles, comme ici) (Ça peut être simplement pour le fun mais parfois aussi pour mettre en valeur les inégalités) exemple :

Le projet HawKeye, pour montrer le sexisme dans les comics

→ c'est toujours très compliqué de faire un genderbent réussi.

↳ on arrive rarement à convaincre en inversant simplement les rôles mais Riad SATTOUF le fait et explose au passage toutes les limites !

COMMENT ?

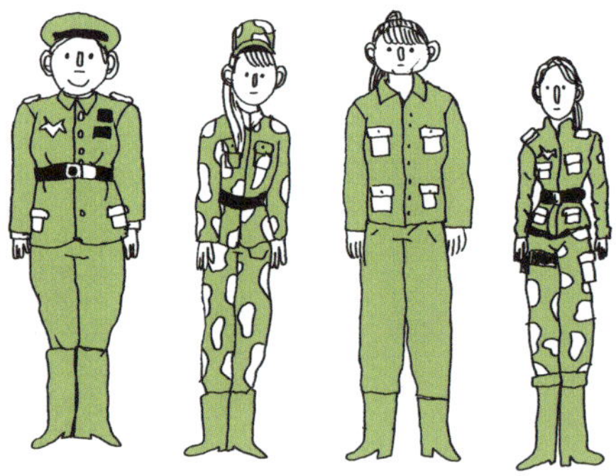

Déjà, parce que dans Jacky..., les femmes ne sont pas des amazones sexys et dominatrices. Ici, pas de "male gaze" ; aux femmes, Sattouf a simplement attribué les qualités dominantes vues comme (et qui chez nous sont souvent définies comme) "viriles".

Les hommes, eux, sont cantonnés au rôle de dominés : ils font les tâches domestiques, sont jugés sur leur apparence physique, etc.
Ils ont même un petit anneau (pratique pour les tenir en laisse) pour montrer leur statut conjugal

⇨ L'INVERSION RESTE CRÉDIBLE PARCE QUE LES VALEURS DOMINANTES ET LES DOMINÉES SONT LES MÊMES QUE DANS NOTRE SOCIÉTÉ.

MÊME SI LE SEXE CHANGE, LE RESTE NON ET C'EST POUR ÇA QUE ÇA MARCHE SI BIEN.

→ du coup, cela marche très bien pour pointer les choses gênantes

• PAR EXEMPLE, les deusc scènes de viol.

→ la première fois, Jacky "s'arrange" avec la vendeuse pour payer sa belle voilerie; la deuscième, c'est la chef de la police et deux de ses collègues qui trouvent Jacky tout seul la nuit. Si l'interruption par la mère de la vendeuse la première fois est un peu absurde et drôle, il reste quand même avec le rire un profond sentiment de malaise, encore plus fort ensuite.

Riad Sattouf évite le truc nul du viol féminin montré comme SEXY et FUN. Ici, on a PEUR et on est MAL À L'AISE parce que les femmes sont fortes et ont le pouvoir et qu'elles ne laissent aucun choix à Jacky et qu'il est pris au piège.

➡ MILLE BRAVOS de ne pas en avoir fait de grosses blagues mais plutôt des moments STRESSANTS.

• AUTRE POINT POSITIF : le traitement de la religion

En Bulrunne, on vénère les juments et les chevalins sacrés ; et on mange de la bouillie cracra pour leur laisser le bon plantin (= les légumes).

← oh, et ils sont censés être télépathes (la meilleure scène du film est basée sur ça)

j'ai vu des gens parler d'islamophobie à cause des voileries, mais ce serait oublier :

1. les culottins
2. les voileries sont plus handicapantes que le hijab ou la burqa puisque

Ravissantes tenues près du corps, souvent ornées de chevalins.

leur couleur rappelle d'ailleurs plus les toges bouddhistes

bras directement relié au tissu de la tête

SUPER FAIBLESSE

PLUS SÉRIEUSEMENT, le film ne critique pas UNE religion mais la religion EN GÉNÉRAL.

→ déjà, je me répète, mais c'est une religion basée sur des chevalins télépathes
↳ peut-on pousser plus à l'absurde le concept de religion ?

→

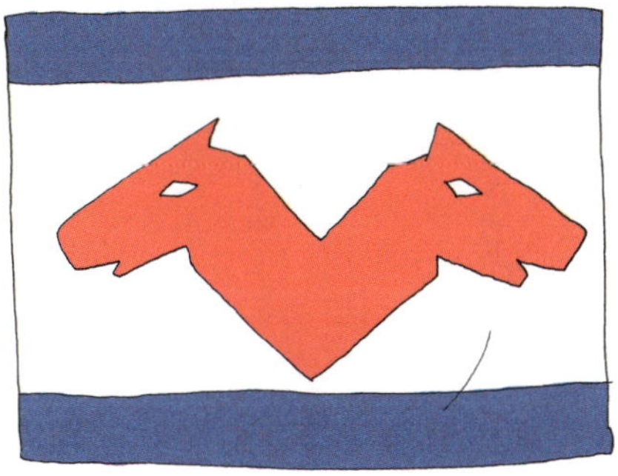

le drapeau du pays est aux couleurs du drapeau français...

→ ça se passe dans une dictature militaire type soviétique
↳ plus que la religion, c'est la pensée unique qui est critiquée !

(pensée symbolisée par une excellente bouillie blanche dont vous découvrirez la recette dans le film)

→

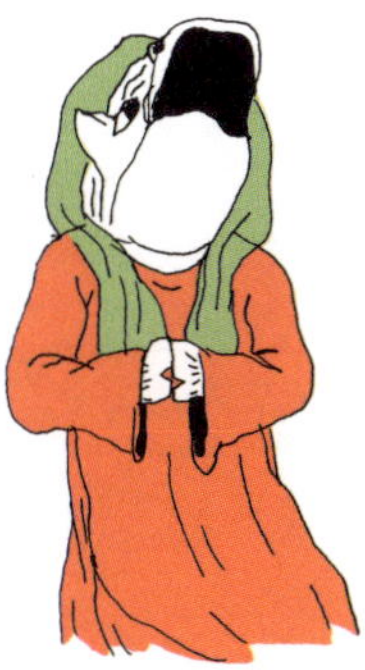

Si les juments blanches représentent les femmes et les chevalins les hommes, on peut peut-être voir un parallèle entre ceux-ci et la Vierge Marie ?

• en plus, LES CLICHÉS de personnages sont très bien inversés

→ Quand on voit des personnages comme :

l'épicière et sa fille

ou

la chef de la police

on a l'impression de voir :

des jeunes paumés dans un film italien

ou

Pornstach (d'Orange is the New Black)

↳ ce sont des clichés issus de notre société, des repères qu'on a dans notre imaginaire et pas dans celui de la société musulmane.

↳ ça tape **PARTOUT.**

→ Dernier point : dans une très chouette interview pour <u>Brain</u>, Riad Sattouf dit :

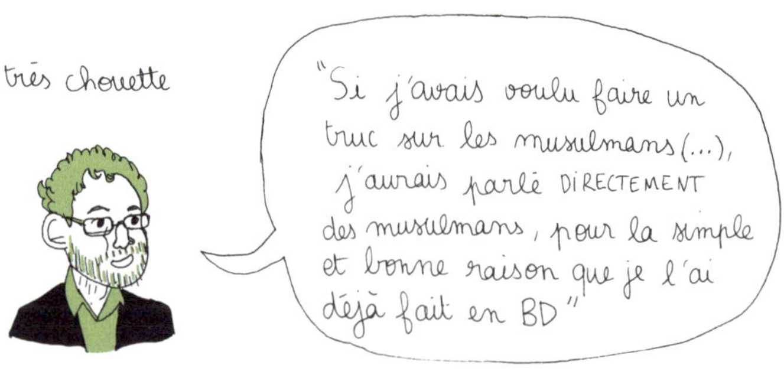

• peut-être un minuscule point négatif : les "hommistes" ne sont pas trop développés.

(mais point positif pour ne pas avoir utilisé le terme "masculinisme", qui existe déjà et n'a rien à voir avec l'ÉGALITÉ)

+ Julin, l'hommiste du film est un gigolo, donc pas mal chouette aussi (c'est pas parce qu'on vend son corps qu'on est soumis au patriarcat)

Conclusion :

→ en abordant des thèmes comme le sexisme, le patriarcat, l'homosexualité, etc. à l'aide de références qui permettent une identification facile et en maîtrisant l'inversion des genres, Jacky au royaume des filles gagne 10000 points de puissance !

ALORS OUI, ça manque peut-être de critiques plus directes contre la religion chrétienne, d'explications sur l'hommisme, blablabla, MAIS ÇA MARCHE !

+ QUELQUES AUTRES RAISONS DE LE VOIR :

1.

C'EST VRAIMENT TRÈS **DRÔLE**

2.

PARFOIS ON PLEURE CAR LE FILM JONGLE AVEC NOS SENTIMENTS

3.

ON PEUT JOUER À "RETROUVE LES AUTEURS DE BD CACHÉS DANS LE FILM"

4.

IL Y A LES MEILLEURS PRÉNOMS DU MONDE.

LE SLUT-SHAMING

(BERK)

CONCRÈTEMENT, ÇA RÉSULTE À QUOI ?
grosse traînée
INSULTES + REJET + HARCÈLEMENT ou encore VIOL / AGRESSION
DÉGAGE SALE PUTE
Elle l'a bien cherché, t'as vu sa réputation ?
RAISONNEMENT SUPER DANGEREUX
CODE VESTIMENTAIRE
Filles :
• pas de jupes / shorts
• pas de t-shirts montrant le nombril
• pas de vêtements moulants
• pas de talons
• pas de couleurs vives
ON A AUSSI VU FLEURIR TOUT UN TAS DE RÈGLEMENTS VESTIMENTAIRES SCOLAIRES QUE POUR LES FILLES
Ça m'empêche de me concentrer, le COUDE d'une fille !!!
Ta jupe est trop courte !!!!!!
6 ans
SURTOUT QUE ÇA COMMENCE HYPER TÔT !!! (École maternelle d'Henry County, Georgie, USA, par ex.)
Oui parce qu'entre des adultes qui sexualisent des jeunes filles de 6, 10, 12, 15 ans et ces mêmes fillettes...
C'est probablement les filles le souci !
Fait scientifique exclusif !!!
MATHS
LES GARÇONS PEUVENT ÊTRE À CÔTÉ DE FILLES EN SHORT ET CONTINUER DE TRAVAILLER !!! FOU !!!
On peut aussi remarquer que le slut-shaming est INTERNALISÉ !
#selfie
t'étonne pas que les mecs te respectent pas vu les photos que tu postes...
Non mais il l'a quittée pour cette meuf, c'est vraiment une salope !
À force de te donner à tout le monde, plus personne voudra de toi !
LES MÉDIAS S'EN DONNENT D'AILLEURS À CŒUR JOIE POUR PROMOUVOIR ÇA :
Par exemple, avec mille films opposant un groupe de filles contre un autre.
LES GENTILLES VS LES MÉCHANTES
Sexe
The Princess Diaries
Blanche-Neige

DES FOIS, ON VOIT AUSSI DES GENS DIRE :
Elle peut pas être féministe, elle montre son cul.
PAR EXEMPLE, FLORENCE FORESTI À PROPOS DE BEYONCE, MILEY CYRUS ET RIHANNA :
"Avant de porter la parole, il faudrait porter une culotte"
...
Surprise : le truc féministe à faire, c'est de laisser les filles faire ce qu'elles veulent avec leurs corps
FÉMINISTE
FEMINISTE
FÉMINISTE
FÉMINISTE
+ JUGER LE FÉMINISME D'UNE FILLE SUR SON APPARENCE PLUTÔT QUE SUR SES PROPOS = NAZE
SURTOUT QU'ENCORE UNE FOIS, QUOI QUE FASSENT LES FEMMES, ELLES SONT TOUJOURS PERDANTES :
Girl! Trouve ton look!
Jeune & Jolie
Être belle naturellement
Beauté+
10 astuces pour maigrir
PUB
NOM NOM NOM
Affiche de film
CD
Dès le plus jeune âge, on apprend aux filles que LA BEAUTÉ est le plus important.
Les représentations de femmes belles sont le plus souvent HYPER sexualisées.
Mais dès qu'une fille décide, en tant que sujet, de s'approprier ces codes, elle devient une "slut"
EXEMPLE : ♥NICKI MINAJ♥
Anaconda.
Baaaah comment elle ose DÉCIDER de se sexualiser ???
Mag Nicki interview
Baaaah comment elle ose dire qu'elle aime le sexe ???
Et bien sûr, pour pimenter tout ça, on a le casse-tête de la PRUDE ou la PUTAIN !
Non mais ça va il faut trouver le juste milieu !
OH WOW TANT DE LIBERTÉ ! (non)

ET ENFIN, BIEN SÛR : LES HOMMES NE SUBISSENT PAS ÇA !
Quand je suis assis en cours, on voit mon boxer !
C'est OK !
J'enchaîne les relations et je séduis beaucoup
BRAVO ! Quel Don Juan ! Respect !
EH OUI CAR, DANS NOTRE SOCIÉTÉ SI ÉGALITAIRE :
(SEXE)
→ URK.
Conclusion :
SURPRISE ! LE SLUT-SHAMING, C'EST PLUS NUL QUE LA NULLITUDE !
SURPRISE N°2 ! LES FEMMES ONT AUSSI DU DÉSIR SEXUEL, ÇA N'EST PAS RÉSERVÉ AUX HOMMES !
SURPRISE N°3 ! LES FEMMES CHOISISSENT CE QU'ELLES VEULENT PORTER ET AVEC QUI ELLES VEULENT COUCHER ET C'EST PAS VOS AFFAIRES !
ALORS STOP JUGER LES TENUES ! STOP JUGER LES VIES SEXUELLES ! STOP SE MOQUER DES FILLES POUR ÇA ! STOP DIRE AUX FILLES QUI POSENT NUES OU QUI S'HABILLENT SEXY QU'ELLES SONT BÊTES ! STOP LES COMPORTEMENTS NULS !
YOLO
À la place, faites des choses fun, comme :
du roller
OU
HO HO HO HO
des blagues
OU
penser à JCVD

Easy A
(EASY GIRL en VF)
L'HÉROÏNE C'EST OLIVE PENDERGHAST (Emma Stone)
lycéenne
EN VOULANT ÉVITER UN WEEK-END CAMPING AVEC SA MEILLEURE AMIE :
J'ai eu un date...
Vous avez couché !! C'est sûr !!
ELLE "MENT" SUR SA VIRGINITÉ
Vous avez entendu pour Olive ?
Il paraît qu'elle est plus vierge !!!
Hey...
OK, hier personne ne connaissait mon nom...
Bref. De fil en aiguille je raconte tout à Brandon, avec qui je suis en colle !
Je suis gay et on me harcèle : fais semblant de coucher avec moi ?
OH ! OH ! Ha !
DU COUP, À UNE SOIRÉE.
merci
Vous l'aurez peut-être deviné, Easy A traite du harcèlement et des rumeurs, en utilisant l'angle du SLUT-SHAMING !
EN EFFET, ALORS QUE TOUS LES LOSERS DU LYCÉE LUI DISENT :
Fais semblant avec moi aussi !!
LE RESTE DU LYCÉE :
Salope !
Traînée !
Eh ben OK
POURQUOI LE A ?
HAWTHORNE
The Scarlet Letter
PARCE QUE LE FILM EST UNE "ADAPTATION" DE LA LETTRE ÉCARLATE
DANS CE LIVRE, L'HÉROÏNE, HESTER PRYNNE, SE VOIT ACCUSÉE D'ADULTÈRE ET
SE RETROUVE À DEVOIR PORTER UN "A" SUR SA POITRINE
OLIVE, QUI ÉTUDIE LE LIVRE EN COURS
Y VOIT UN LIEN AVEC SA SITUATION
ET ELLE DÉCIDE DONC D'ASSUMER.
NOT with a FIZZLE, But with a
L'HISTOIRE NOUS EST RACONTÉE PAR OLIVE ELLE-MÊME, VIA SA WEBCAM.
C'est VRAIMENT agréable un teen movie sur ce sujet, mais est-il bien traité ?

• les bons points :
Tout d'abord, le personnage d'Olive est original et cool !
Déjà, on sort du cliché "film sur le harcèlement scolaire = héros masculin"
ouin
Pour les filles, on réserve plutôt les comédies romantiques !
+
Le trait principal d'Olive, c'est qu'elle est DRÔLE !
Hé hé
C'est ça qui me rend attachante
SLUT
VOIR LE FILM À TRAVERS SES YEUX MONTRE BIEN À QUEL POINT LE JUGEMENT DES GENS EST RAPIDE ET INJUSTE !
EN EFFET, LE FILM APPUIE BIEN SUR LE FAIT QU'OLIVE N'A RIEN DEMANDÉ ET QUE LA RÉACTION DES GENS EST NAZE !
à la base, un petit mensonge à ma meilleure amie !
T'as entendu que Olive b'la blabla
SLUT
LA SCÈNE "POST FAUX SEXE" EST D'AILLEURS PARTICULIÈREMENT FORTE :
Brandon
Heyyy bravo !!!
WOUHOU !
T'es un chef !
→ 2 sec + tard →
≠
pfff
Olive
Plein de filles veulent sortir avec moi depuis toi !!!
VA-T'EN
SALOPE
CE DOUBLE STANDARD EST RAPPELÉ PLUSIEURS FOIS.
En plus de ça, le film fait passer quelques messages assez cools !
PAR EXEMPLE :
T'as pas idée ok ?
Tous les jours je me fais harceler !
→ UN MESSAGE SUR LE HARCÈLEMENT HOMOPHOBE.
Allez, tout le monde sait que tu couches !
NON !
→ LE RAPPEL QU'UNE FILLE QUI COUCHE N'A PAS À COUCHER AVEC TOUT LE MONDE...
Jésus nous dit d'aimer tout le monde mais c'est si DUR !!
→ UN PETIT TACLE SUR LES CHRÉTIENS QUI DISENT AUX FILLES QUOI FAIRE DE LEUR CORPS.

· les mauvais points :
Bien sûr, le film n'est pas parfait ! Il y a quelques petits soucis :
par exemple :
• LE PERSONNAGE DE "MEC GROS" EST HYPER LIÉ À LA NOURRITURE…
↳ CLICHÉ GROSSOPHOBE
• À PART LE PETIT FRÈRE D'OLIVE + UN "PRÉTENDANT", TOUS LES PERSOS
SONT BLANCS…
• DES BLAGUES PAS MAL LOURDES SUR LE FAIT QUE BRANDON "A L'AIR GAY"…
On juge pas hein ! Haha !
Mais on a aussi plusieurs trucs gênants par rapport au sujet du film (le slut-shaming, donc)
Par exemple le fait que les opposants d'Olive sont… des opposantes.
Marianne et Nina, les chrétiennes extrêmes
Lisa Kudrow (♥), la CPE
Et Rhiannon, sa BFF !
(Seul soutien : son crush)
(Todd)
Et surtout, le fait que la question du sexe n'est pas vraiment traitée !
Tout s'arrange pour moi à la fin car, au final, JE N'AI PAS COUCHÉ.
Oh on s'est trompés sur elle !
Finalement c'est pas une salope !
On a jugé trop sévèrement !
→ EN SOI, C'EST UN PEU DÉCEVANT, CERTES, MAIS BON, IL Y A DÉJÀ UN CERTAIN "COURAGE" À AVOIR FAIT UN FILM SUR CE SUJET. LÀ OÙ ÇA DEVIENT PLUS EMBÊTANT, C'EST QUAND LES PERSOS PARLENT DE SEXE :
Un moment, Olive discute avec sa mère :
Patricia Clarke ♥
Tu sais, il m'est arrivé un truc similaire à ton âge.
On me traitait de salope.
Bon sauf que là c'était vrai ! Je couchais avec plein de gens !
Mais c'était parce que j'AVAIS UNE TRÈS MAUVAISE OPINION DE MOI !
What ?

Donc, si une fille qui couche n'est pas un monstre, elle est en revanche mal dans sa peau !
DU SEXE ÉPANOUI ? QUE NENNI !
Du coup ben, pour un film sur le slut-shaming, ça slutshame un petit peu, en fait !
SURTOUT QUE C'EST RENFORCÉ PAR DEUX PERSONNAGES :
• RHIANNON :
Je suis la meilleure amie d'Olive
puis je me mets à la détester !
♥Peyton de iZombie♥
Je suis provocatrice et cool.
BIG TITS
Je suis super contente qu'Olive ait perdu sa virginité !
Mais dès que j'apprends qu'elle a couché avec un deuxième ...
SLUT
Je la traite de traînée !
• LA CPE :
Je couche avec un élève de 22 ans
oups
AUCUN MOT SUR L'ABUS DE POUVOIR DE CETTE RELATION
prof
âgée
jeune
élève
lête
↳ MALAISE...
Je suis surtout le SEUL perso féminin qui a du sexe, ici.
Et aussi la vraie "méchante" du film...
Et pourquoi ? Car je trompe mon mari si sympa !
Conclusion :
C'EST UN FILM QUI NOUS DIT :
1. STOP LES RUMEURS
2. LE SLUT-SHAMING C'EST NUL
3. LES FILLES SONT PLUS SÉVÈREMENT JUGÉES.
4. LES FILLES SONT LES PLUS MÉCHANTES
5. LE SEXE, OK, MAIS PAS TROP, ET MONOGAME.
ET C'EST VRAIMENT COOL !
DOMMAGE QUE ÇA DISE AUSSI :
BON MAIS REGARDEZ QUAND MÊME CAR C'EST COOL + DRÔLE !!!

Flingue ou Rouge-à-Lèvres :

UN PERSONNAGE FÉMININ RÉUSSI DOIT-IL FORCÉMENT ÊTRE VIRIL ?

↳ POURQUOI EST-CE QU'ON ENCENSE TOUJOURS PLUS LES PERSONNAGES FÉMININS AVEC DES CARACTÉRISTIQUES DITES MASCULINES QUE CEUX AVEC DES CARACTÉRISTIQUES DITES FÉMININES ?

I. Masculin / Féminin :

On vit dans une société qui valorise les hommes, et, du coup les valeurs dites <u>MASCULINES</u>. → LES VALEURS ATTACHÉES AU POUVOIR SONT CELLES QU'ON ATTACHE À LA MASCULINITÉ, ET PLUS PARTICULIÈREMENT À UNE MASCULINITÉ BLANCHE, BOURGEOISE ET HÉTÉRO.

J'EN PARLAIS DANS MA NOTE SUR Barbie ET Musclor, CES VALEURS CRÉENT DES INJONCTIONS À LA VIRILITÉ POUR LES GARÇONS:
pfiou
han la femmelette!
Mais si je remplis la plupart de ces conditions...
TEST
... Je reçois des PRIVILÈGES!
PRIVILÈGES
Eeeh oui, car dans une société patriarcale
l'important c'est de ne pas ressembler à une FILLE.
TOUTES les valeurs que la société a attachées à la FÉMINITÉ sont dévalorisées
La Beauté
ou la grâce, par exemple :
BEAUTÉ +
ELLE
Elle doit être bête.
Méfiance : sa beauté, c'est son arme!
On dirait qu'elle va se briser!
Les critères de "beauté" féminins sont d'ailleurs tous, au final, vus comme des faiblesses :
EXEMPLES :
Et, comme on le sait, la BEAUTÉ est le plus important! (Ahem...)
• MINCEUR = faiblesse physique
• SOIN DE L'APPARENCE (= CONSOMMATION) = faiblesse financière
• INSÉCURITÉ = faiblesse morale
She Hulk → Hulk
Plus globalement, tout ce qui est considéré comme féminin est vu comme faible ou futile, immature.
IL SUFFIT DE VOIR CE QUE VEUT DIRE "GIRLY"
TERME QUI, DONC, EST BASÉ SUR LE MOT "FILLE"...
féminin
rose
futile
paillettes
mignon
obsédée par la consommation et l'apparence!

Le girly est clairement attaché à la superficialité ET aux filles.
ET C'EST LÀ LE PROBLÈME !
Aucun souci à aimer le rose ou la mode !
DIGNE DE CONFIANCE
FUTILITÉ
Mais automatiquement lier "fille" et "futilité", NOPE !
Haha, du pouvoir à une FEMME ?
Choisissez plutôt quelqu'un de RESPONSABLE ! Comme un HOMME !
ON SE MET DONC À MÉPRISER ET RIDICULISER TOUT CE QUI EST "TROP" (c'est-à-dire : tout) FÉMININ.
Coucou c'est moi Sansa !
(Game of Thrones)
Les gens me détestent parfois plus que Joffrey parce que quand la série commence je suis une MIDINETTE.
JOFF
fille de nobles
Puis ils me haïssent parce que quand ma famille se fait massacrer, je ne prends pas une épée pour les venger.
résiste à la folie
survit
est intelligente
Les gens n'aiment pas Sansa parce qu'elle est féminine. Ça m'énerve que les femmes ne soient appréciées que lorsqu'elles se comportent comme des hommes.
Sophie Turner (l'actrice)
Je pense que la vraie force de Sansa, c'est qu'elle ne se bat pas.
DANS UN MONDE OÙ C'EST LA SOLUTION DE BASE, SANSA EST UN DES PERSONNAGES QUI A L'ÉVOLUTION LA PLUS INTÉRESSANTE.
On retrouve la même chose avec le trailer de Supergirl, la série de CBS.
Je suis une super-héroïne et je me bagarre pendant la moitié du trailer.
Mais j'ai aussi l'audace d'être une fille !
Je suis cool, drôle, forte et courageuse, youpi !
TRAILER SUPERGIRL
Réactions :
Quoi ? Elle a un DATE ?
Super, ça va être une rom-com, pfff !

PLUSIEURS ONT À JUSTE TITRE FAIT UN RAPPROCHEMENT AVEC SPIDER-MAN :
Je suis un super-héros !
MATHS
Mais je suis surtout un ado qui a du mal avec les filles.
POURTANT :
Ah Spider-man ? C'est une comédie romantique ça, non ?
↳ PERSONNE
♪ DOUUUBLE-STANDARD ♫
POURTANT, ON A BESOIN DE CES VALEURS "FÉMININES" :
Exemple : LE CARE (= soin, attention, prévenance)
On est censé le trouver chez ~~la MÈRE~~ les parents
mais aussi chez les pros : infirmier-es, par exemple
pff c'est un truc de GONZESSE !
Nous on veut de l'action, haha !
€ ?
PAS DE SURPRISE : les professions liées au "care" ne sont pas considérées comme puissantes.
ON PEUT COMPARER ÇA AU TRAVAIL DES FEMMES À LA MAISON :
Ma femme est malade ! C'est moi qui dois faire le ménage, le repas, m'occuper des enfants ! Je craque !
Mon pauvre...
↳ PLEIN DE PUBS
EN MOYENNE, EN UNE SEMAINE DANS UN COUPLE :
93 % ♀ 50 % ♂ ont fait la cuisine
83 % ♀ 52 % ♂ ont fait la vaisselle
93 % ♀ 40 % ♂ ont fait le ménage.
73 % ♀ 9 % ♂ ont fait le repassage
Ma mère, quelle sainte !
Femme au foyer, quel rôle merveilleux !
MAIS AU FINAL :
Non mais bon c'est pas elle qui ramène à manger !!!
J 0 0euro
LE TRAVAIL À LA MAISON N'A AUCUNE VALEUR MONÉTAIRE
ON ATTEND DES FEMMES QU'ELLES REMPLISSENT CES TÂCHES, EN LES MÉPRISANT POUR ÇA AU PASSAGE.
Non mais c'est pas VRAIMENT du travail !

II. Objectif : Dévaloriser Les Femmes.

Les "causes" changent mais le résultat reste le même : il faut se méfier de la sexualité féminine et punir plus sévèrement l'adultère féminin !
→ L'ARGUMENT "C'EST BIOLOGIQUE" = DU PIPEAU
→ ON POURRAIT PRESQUE CROIRE QUE C'EST FAIT POUR ARRANGER LE GROUPE DOMINANT !
Désolé j'y peux rien !
• ON REMARQUE AUSSI QUE DÈS QUE QUELQUE CHOSE SE FÉMINISE = "DÉCLIN"
↳ exemple : Antoine Compagnon et son interview "Professeur, un métier sans évolution"
Si vous êtes passé·e par une hypoKhâgne/Khâgne ou des études littéraires
Antoine Compagnon
Le démon de la théorie
Littérature et sens commun
RON PSCHII
Compagnon est l'auteur de ce livre soporifique.
Il a aussi donné une interview au Figaro en 2014
J'y dis des choses comme :
"La féminisation massive du [métier de professeur] a achevé de le déclasser"
"Un métier féminin reste encore souvent un métier d'appoint",
+ PLEIN D'AUTRES BÊTISES
HEUREUSEMENT
ANNE-CHARLOTTE HUSSON existe !
81,9 % enseignement PRIMAIRE
58 % enseignement SECONDAIRE
70,3 % des instits suppléant-e-s (→ précaire)
32 % des profs de prépa...
SUR SON BLOG "Genre !", NON SEULEMENT ELLE DÉMONTRE QUE LA "FÉMINISATION" EST PARTIELLE...
MAIS ELLE DÉMONTE TOUT LE PROPOS DE COMPAGNON (QU'ON PEUT RÉSUMER COMME ÇA) :
Les femmes donnent une mauvaise image de la profession ! Ouin !
Si Compagnon avait daigné s'intéresser à la sociologie, il aurait vu que féminisation ≠ dévalorisation !
↳ + MISOGYNIE = DÉVALORISATION
Mais non c'est la faute des femmes !
Elles veulent juste s'occuper de leurs enfants !!!!
Oh ok oui j'avais oublié qu'aucune femme ne devenait prof par passion !
Et puis c'est forcément la faute des femmes elles-mêmes et pas des places que la société leur donne...
(BON, ELLE DIT ENCORE BEAUCOUP PLUS DE TRUCS INTÉRESSANTS ET PERTINENTS ET JE VOUS ENCOURAGE À LIRE L'INTÉGRALITÉ DE SES ARTICLES) ♥

On a donc un bel exemple de "les femmes c'est nul ouin"
ON PEUT LIER ÇA À CE BEAU (*urk*) MOUVEMENT QU'EST LE MASCULINISME:
Ouin ouin les femmes nous ont tout pris!!!
MEN INI ST
MENI NIST
Ouin le féminisme a ruiné le monde et le nouveau FIFA!!
Notamment avec le concept de "la virilité en crise".
ON A BIEN SÛR L'EXEMPLE D'Éric Zemmour:
Les femmes sont devenues supérieures et à cause de ça tous les hommes sont homosexuels!!!
LE 1er SEXE
MAIS ON A AUSSI DE TRÈS BEAUX SPÉCIMENS DANS LE DOCUMENTAIRE LA DOMINATION MASCULINE DE Patric Jean
↳ Trouvable sur YouTube
$
Donc voilà la vraie image de la femme
Elle a contrôlé le pénis, elle s'est fait mettre enceinte puis ça va lui rapporter plein d'argent!
Pis elle a la maison et la voiture et la justice la soutient.
Si proche de la réalité!
$
Dans ce documentaire, y a aussi un type qui reproche AUX FEMMES le massacre misogyne de Marc Lépine*...
entre autres
UNE ANALYSE POINTUE! → 2 ou 3 recherches sur Google suffisent pour comprendre que c'est faux.
*il a tué 14 femmes (élèves et secrétaire) à Polytechnique à Montréal car elles "prenaient la place d'hommes"
DONC: non seulement leurs arguments sont faux, mais en plus ils s'en servent pour expliquer qu'une femme qui sort de la place qu'on lui impose détruit le monde!
TOP LES NAZES!
MATERNITÉ
DOUCEUR
La société met donc les femmes dans les cases qui l'arrangent... →
$
Et leur tape dessus quand: - elles y restent; - elles en sortent!

III. Le Souci Des Personnages ♀ Forts

ON A DONC DES PERSONNAGES QU'ON NOUS PRÉSENTE COMME FORTS MAIS QUI N'ONT JAMAIS L'OCCASION DE LE MONTRER / QUI SE FONT TOUJOURS DÉPASSER.
On est là pour aider le héros !
Lui donner un indice !
Ou simplement le motiver amoureusement
Ou mourir / se faire violer pour lui donner une raison de se venger
↳ Devient alors une "Femme dans le réfrigérateur"
Le héros arrive, et on a beau être meilleure, il nous dépasse rapidement pendant qu'on évolue pas de TOUTE l'histoire !
↳ LEUR FORCE EST UNIQUEMENT PHYSIQUE, ET ENCORE...
Bien sûr, on trouve aussi de super persos complexes dans ce genre !
♥BRIENNE♥, Game of Thrones
KORRA, The Legend of Korra
KATNISS, The Hunger Games
JENNY & ABBIE MILLS, Sleepy Hollow
Le problème qu'elles présentent c'est qu'elles sont la seule alternative.
On a, au choix :
LA MEUF NUNUCHE ROSE QUI AIME LE SHOPPING ET L'AMÛR
OU
= NULLE
LA MEUF BADASS QUI A QUE DES CARACTÉRISTIQUES MASCULINES
= COOL
↳ ÇA RENFORCE L'IDÉE QUE
FÉMININ = MAUVAIS
MASCULIN = BON

IV. Rendre Le Féminin Positif

↳ IL FAUT RÉHABILITER LES CARACTÉRISTIQUES "FÉMININES".

↳ BREF. ON VEUT DES PERSONNAGES FÉMININS DIVERS, AVEC DES CARACTÉRISTIQUES "FÉMININES" COMME "MASCULINES", MÉLANGÉES OU NON.

Il faut aussi montrer ces persos chouettes dans des environnements qui ne les rabaissent pas...
CONTRE-EXEMPLE : FRIENDS
les 3 filles sont SUPER intéressantes !
FÉMININES + AMBITIEUSES, DRÔLES...
MAIS
Je devais faire ça pour le boulot mais j'ai fait du shopping !
HA HA HA HA
quelle fille !
TOUTE LA SÉRIE EST PONCTUÉE DE BLAGUES SEXISTES (HOMOPHOBES, GROSSOPHOBES, RACISTES,...) QUI LES RIDICULISENT.
• IL EST AUSSI IMPORTANT DE DÉGENRER CES QUALITÉS !
↳ par exemple avec des persos féminins "virils"
→ mais aussi avec des persos masculins "féminins"
EXEMPLE : Xander, dans Buffy the Vampire Slayer
(et pas forcément sexualisés)
(sans être ridiculisé)
faible physiquement
sidekick
prend soin du groupe
intérêt amoureux
Conclusion :
ON A BESOIN DES VALEURS "FÉMININES"
IL FAUT DONC ARRÊTER DE LES RABAISSER
(SURTOUT QU'ON SAIT QUE C'EST POUR RABAISSER LES FEMMES)
ALORS QU'ON EST : TROP COOLS !
LA FORCE PHYSIQUE N'EST PAS LA SEULE BONNE QUALITÉ POSSIBLE.
Même si c'est *c*o*o*l*
WOW, HALLUCINANT ! ON PEUT SE MAQUILLER ET ÊTRE GENTILLE ET ÊTRE AMBITIEUSE ET FORMIDABLE !
(par exemple)
WOW ! ON PEUT ÊTRE UN GARÇON ET PLEURER ET ÊTRE PRUDENT ET ÊTRE HYPER TOP !!!
(par exemple encore)
INCROYABLE ! ON DIRAIT QUE VOUS POUVEZ CRÉER TOUS LES PERSONNAGES QUE VOUS VOULEZ ! QUELLE JOIE !

Legally Blonde
(LA REVANCHE D'UNE BLONDE en VF)
HURK
La revanche d'une blonde, c'est pas ce gros navet nunuche là ?
avec la nana bimbo qui veut devenir avocate ?
hihi
hihi
hoho
OUAiP !
Sauf qu'en fait c'est TOP!!!
DE QUOI ÇA PARLE ?
Warner ← son ex.
De Elle Woods, qui, parce qu'elle se fait larguer ...
décide d'intégrer Harvard pour le reconquérir...
(alors qu'elle a fait des études de mode)
Tout au long du film, on la voit évoluer et devenir SUPER SUPER
Laissez-moi vous en chanter les louanges ...
TOUT D'ABORD, QUI EST Elle Woods ?
Ce qui est ABSOLUMENT formidable avec ce film, c'est que Elle est à la fois super féminine ET positive !
SOCIÉTÉ
=
SUPER-FICIELLE

ELLE POSSÈDE TOUT UN TAS DE QUALITÉS:
INTELLIGENCE
GENTILLESSE
COMPASSION
DÉTERMINATION
CONFIANCE
PARDON
etc.
la plupart de ces qualités sont jugées "féminines" et discréditées, mais ici ellessont montrées comme complètement POSITIVES!
+ l'évolution du personnage est très intéressante!
Je veux être avocate!
Nope, je veux plus de toi, loser.
J'ai trouvé ce que j'aime faire!
Parlons maintenant de tous les clichés sexistes que ce film détruit!
I. L'amitié Féminine
D'habitude, l'amitié entre femmes est mal représentée.
AU CHOIX, ON A LE PLUS SOUVENT
pfff regardez-moi ces coincées!
hi hi
n'écoute pas ces traînées
1. L'AMITIÉ CONTRE LES AUTRES FILLES.
Je t'aime mec!
t'es comme mon frère man
GRRRR
2. PAS D'AMITIÉ DU TOUT!!!
(vs plein de garçons amis)
Je peux vivre une amitié, mais souvent avec un mec!
wouhou!
elle est où, la solidarité féminine?
EXEMPLES:
ARYA & THE HOUND
(Game of Thrones)
+
De toute façon, qu'importe qui est mon ami-e, ça vaudra toujours moins que l'AMÛÛR

Mais pas ici! Justement, l'accent est mis très fort sur l'amitié et le respect entre femmes!
DÉJÀ, AVEC LA SORORITÉ DE ELLE.
Ne jamais trahir une Delta Nu!
ON A AUSSI ♥ PAULETTE ♥
PAULETTE EST ESTHÉTICIENNE ET ELLE ET ELLE (hoho^^^^)VONT DE SUITE DEVENIR AMIES.
AFFECTION
SOLIDARITÉ
CONFIANCE
ENTRAIDE
NOTAMMENT:
Mon mec m'a quittée...
Il m'a mise dehors et a gardé mon chien...
et il dit que je suis moche...
Wow wow wow!!
C'est pas normal! Il faut rectifier ça!
Ah beh si tu gardes la caravane elle garde le chien!
C'est la LOI!
↳ LA PREMIÈRE FOIS QUE ELLE AGIT EN AVOCATE, C'EST POUR AIDER SON AMIE À METTRE FIN À UNE RELATION ABUSIVE.
On trouve aussi dans ce film deux cas "d'amitié qui commence mal"
AVEC VIVIAN & MRS. STROMWELL
la nouvelle fiancée de Warner.
une prof de droit

II. Une Critique Du Slut-Shaming

On a plein de scènes sur "vous l'avez mal jugée" :
le CV de Elle
Je suis très motivée pour entrer à Harvard !
Une vidéo où elle montre tout ce qu'elle fait dans sa fac
glup
ON A DONC :
PLEIN DE VIEUX MECS BLANCS
hin hin euh... on devrait l'accepter !
alors que...
SAT 179/180
ELLE A EU 179 POINTS SUR 180 À SES EXAMENS !
SURTOUT QUE NOUS ON VIENT DE VOIR TOUS LES EFFORTS DE ELLE !
nope
Allez ! Viens faire la fête !
x 1000 !
Et nous on s'intéresse qu'à son physique !
NAZES
AUTRE MOMENT INTÉRESSANT :
pfff...
tout le monde me hait...
blabla FÊTE
?
WOW COOL quelqu'un fait ENFIN une fête !!!
Vivian
Oh mais tu peux quand même venir !
Par contre c'est une soirée déguisée !

À LA SOIRÉE :
HA
HA
HA
HA
HAHA
HYPER BADASS!!!
Hey Warner!
WOW
(l'esc)
blabla comment ça va ?
oh très bien, beaucoup de boulot, ça va être dur l'an prochain avec le stage !
(c'est un stage super dur à avoir !)
Oh bébé...
T'es pas assez INTELLIGENTE, tu sais?
PIRE MEC
Tu n'y arriveras jamais.
Euuuh
Je délire ou on est dans la même école ?
Je ne serai jamais assez bien pour toi, non ?
Je vais vous montrer à quel point Elle Woods VAUT quelque chose !!!
C'est pour ça que la partie III est :
III. Rien À Carrer Des Garçons
C'EST-À-DIRE :
Si je fais ça, machin m'aimera !
Je fais ça pour moi, parce que j'en ai envie, et je m'en fiche bien de ce que les gens en pensent !
snife
Chut
OK !
Cool !
ON A BIEN SÛR ELLE ET WARNER :
Si je fais Harvard, il voudra de moi à nouveau !
Je ne serai jamais assez bien, hein ?
JE-M'EN-COGNE !
Reprends-moi bébé !
NOPE!

D'ailleurs Vivian téj' aussi ce gros naze de Warner !
héhé
Et, comme on a vu, Paulette s'affranchit aussi de son ex-mari !
?
?
CLUB DES GROS NAZES.
On voit aussi que j'ai beau avoir SUPER confiance en moi...
le reste du monde est pas trop OK
T'es bête !
Tu vaux rien !
BOUH ! Poupée Barbie !
Tu m'as déçue...
Si vous laissez un idiot ruiner votre vie, vous n'êtes pas celle que je pensais !
Ce qui la décourage
Ce qui lui redonne confiance.
Ici, on a une vraie libération de ce que pensent les hommes
aKa "le plus important pour les persos ♀ dans la majorité des films"
On a, en plus, de vrais persos cools masculins
Emmett, par excemple :
Luke Wilson
ne juge jamais Elle sur son apparence
la soutient tout le temps
ne lui demande rien
a confiance en elle.
COOL
IV. Une Critique Du Sexisme.
les cas judiciaires présentés dans le film sont souvent axés sur le sexisme.
EXEMPLE
Oui bon mais le donneur de sperme a le droit de demander un droit de visite !
Oui enfin à moins qu'il ait recherché ce que sont devenus tous ses spermatozoïdes, ici c'est du harcèlement !
Sans son sperme, pas de bébé !
LA GROSSE AFFAIRE DU FILM :
BROOKE TAYLOR
MAGNAT DU FITNESS
SOUPÇONNÉE D'AVOIR TUÉ SON RICHE ET VIEUX MARI
Callahan, l'avocat chef
Classique
Bon, elle est coupable c'est sûr. Même si elle est riche, elle en voulait plus !
Les gens heureux ne tirent pas sur leur mari !
Je pense qu'elle est innocente !

Et on a droit à de super chouettes clichés, yay...
iL EST GAY! iL CONNAÎT LA MODE!
OH! C'EST VRAi!
+
Perso je suis "la lesbienne féministe engagée avec des revendications ridicules!"
Mais je fais quand même du slut-shaming!
ON A AUSSi TRÈS PEU DE PERSONNAGES DE COULEUR
Enrique
La juge
+
quelques figurants
→ ET BIEN SÛR, QUE DES GENS VALiDES ET PLUTÔT AiSÉS...
Conclusion:
Malgré ces quelques soucis, Legally Blonde est un SUPERFiLM
Il réhabilite des caractéristiques dites "féminines", et, du même coup, les femmes.
(même si ça dégenre pas trop ces caractéristiques, dommage!)
À première vue, LB ressemble à un énième film "pour filles" (="cliché et qui vaut rien").
Et, oui, le scénario est pas le plus foufou.
SCENARIO Blabla bla GROSSE RESOLUTION
COOL MAIS TIRÉE PAR LES CHEVEUX Blabla
MAiS QUELLE JOiE...
DE VOiR UN FiLM EXPLOSER LES CLiCHÉS ET SE MOQUER OUVERTEMENT DU SEXiSME!

SIX FEET UNDER
SPOIL
C'est une série de 5 saisons d'Alan Ball qui suit le quotidien de
RUTH la mère
DAVID, le cadet
NATE, l'aîné
CLAIRE, la benjamine
LA FAMILLE FISHER
BRENDA
RICO
KEITH
LEURS PROCHES
VANESSA, la femme de Rico
BILLY, le frère de Brenda
etc.
LEUR ENTOURAGE
le point de départ :
PAPA FISHER MEURT DANS UN ACCIDENT
OH, ET IL TENAIT LE FUNÉRARIUM FAMILIAL
FISHER & SONS FUNERAL HOME
(QUE SES FILS VONT REPRENDRE)
j'avais TRÈS envie de parler de Six Feet Under parce que c'est une série qui m'a vraiment marquée et qui s'est très vite classée N°1 dans mon ♡
MAIS ATTENTION !
c'est une série à analyser sur un milliard de dimensions :
exemple :
la mooort
et le sens de la VIE
moi je me concentre sur
LE GENRE
(comme d'hab')
Cependant
je me permets d'insister et de vous conseiller très chaleureusement SFU qui est probablement une des meilleures choses existantes
SUPER ACTEURS
MEILLEURE FIN
SUPER PERSOS
BONNE RÉALISATION
TOP HISTOIRE
NOOON ne me quittez PAS NOOON SNIFE !!!
JVM !!
REVENEZ !

COMMENÇONS DONC PAR LES MAUVAIS POINTS :
• il y a pas mal de petites phrases gênantes égrenées tout au long de la série :
OK mon fils s'est battu sans raison
mais BOYS WILL BE BOYS
les garçons sont intenables, c'était plus facile avec Taylor !
c'est parce que les filles sont plus calmes
PAR EXEMPLE
↳ c'est parfois un peu remis en question, via une critique du personnage :
oui, il y a un problème, pardon.
je peux pas m'occuper des enfants toute seule, je suis débordée...
MAIS PAS TOUJOURS
CALME
TURBULENT
etc.
Mais tu vois pas que c'est pour représenter la RÉALITÉ ?
c'est pour ça que ça c'est BIEN
et ça non.
➔ REMISE EN QUESTION (ou non, du coup)
• il y a deux scènes TRÈS ÉTRANGES liées à l'avortement :
1.
Nate apprend que Lisa, avec qui il a trompé Brenda, est enceinte (oups).
Pendant qu'il se demande ce qu'il va faire, il a une hallucination où il voit tous ses enfants potentiels...
hi daddy !
... ceux qui ont été avortés mais aussi, au vu du nombre, tous ses préservatifs
↳ PROPOS SUR L'AVORTEMENT (la contraception ?) LES + BIZARRES DU MONDE :
coucou, tu m'as tuée, tu te rappelles ?
tu as conduit Lisa pour aller me tuer.
MAIS
oh t'en fais pas, je t'en veux pas !
je suis pro-choix !
MAIS
enfin je l'aurais été si j'étais EN VIE !
haha !

STOP ! On ne peut PAS comparer l'avortement et le meurtre!!!
AA AAH !
NON!
Oui mais bon, c'est ce que ressent Nate peut-être ?
AAAARG
MAIS ÇA MANQUE CLAIREMENT DE RECUL !!!
+ ÇA DONNE L'IDÉE QUE, SANS NATE, LES FILLES AURAIENT TOUTES CHOISI D'AVOIR UN TAS DE BÉBÉS, SANS AUCUN DOUTE.
YES UN BÉBÉ
J'espère que mon mec sera ok !
2.
OUT !
Claire rompt avec son copain en apprenant qu'il l'a trompée.
Elle apprend ensuite qu'elle est enceinte
Elle décide donc d'avorter
COUCOU
Plus tard, elle a une vision avec plein de gens morts dont... SON BÉBÉ.
Alors c'est sûr que c'est agréable d'avoir une décision logique de la part d'une perso enceinte
très jeune
pas indépendante
à la fac
célibataire
ne veut pas d'enfant
= AVORTEMENT
dans la logique du personnage
ça n'arrive quasi jamais dans les séries/films
MAIS
ENCORE UNE FOIS, ON MONTRE UN FŒTUS (QUI RESSEMBLE PAS MAL À UNE LARVE À CE MOMENT)
SOUS LA FORME D'UN BON GROS BÉBÉ DE 4 MOIS
Oui mais c'est p'têt ce que ressent Claire.
TH Ht... ça marche plus, hé ! 2 fois sur 2 ça fait beaucoup
C'EST PAS EN MONTRANT L'AVORTEMENT COMME UN MEURTRE DE BONS GROS BÉBÉS JOUFFLUS QU'ON VA FAIRE COMPRENDRE QUE C'EST UN DROIT FONDAMENTAL ET NÉCESSAIRE.

BON, MAINTENANT QUE J'AI MONTRÉ LES GROS SOUCIS, VOICI

LES POINTS POSITIFS :

• Tout d'abord il faut pointer du doigt la diversité des personnages.

SUR LES 7 PERSONNAGES PRINCIPAUX ON A :

3 FILLES

2 HOMOSEXUELS

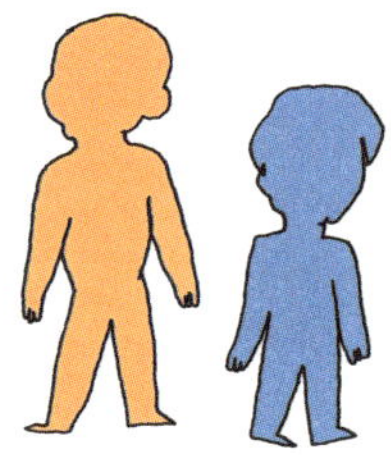

2 P.O.C

→ Ce qui nous laisse

1 HOMME BLANC HÉTÉROSEXUEL

+ ON A AUSSI UNE CHOUETTE DIVERSITÉ PARMI LES PERSOS MOINS IMPORTANTS

etc.

• La représentation du sexe :

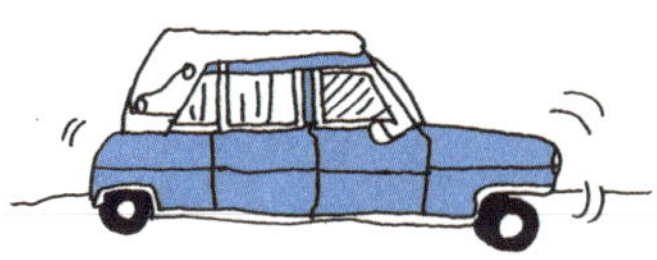

LES 3 FILLES SONT TOUTES ACTIVES SEXUELLEMENT, AU SENS PROPRE

↳ elles ne sont pas passives, elles aiment le sexe au même titre que les garçons.

ON A À LA FOIS LA DÉCOUVERTE DE LA SEXUALITÉ AVEC CLAIRE ET UNE SEXUALITÉ SENIOR AVEC RUTH

IL Y A MÊME UNE CRITIQUE DU SLUT-SHAMING QUAND CLAIRE EST MOQUÉE POUR CE QU'ELLE A FAIT AVEC SON COPAIN (ON SAIT BIEN, DERRIÈRE NOTRE ÉCRAN, QU'ELLE N'A RIEN FAIT DE MAL.)

+ LA NYMPHOMANIE DE BRENDA QUI EST ASSEZ BIEN TRAITÉE :

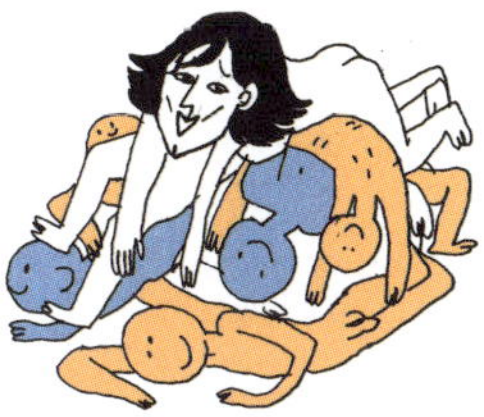

Brenda ne couche pas avec quelques mecs puis se fait traiter de salope : elle couche avec des dizaines de types et réalise qu'elle est malade (parce qu'elle le fait compulsivement)

• Une EXCELLENTE critique du harcèlement de rue :

CHAQUE ÉPISODE COMMENCE PAR LA MORT DU "CLIENT" DES FISHER

S03E03 :

UNE FILLE RENTRE CHEZ ELLE LA NUIT.

ELLE SE FAIT SUIVRE PAR DES TYPES QUI LA SIFFLENT.

EFFRAYÉE, ELLE COMMENCE À TRAVERSER LA RUE EN COURANT.

OUPS.

EN FAIT, C'ÉTAIT SES COPAINS...

seulement une fille de 19 ans qui meurt parce que des garçons n'ont pas compris la gravité de la situation.

MAIS PENDANT L'ÉPISODE, LA CRITIQUE DEVIENT DE PLUS EN PLUS INTELLIGENTE

(pendant le rendez-vous au funérarium)

(à l'enterrement)

➡ ON NOUS DRESSE LE PORTRAIT D'UNE FILLE QUI EST TOUT SAUF UNE VICTIME, ET SURTOUT, PAS UNE SEULE FOIS ON LUI REPROCHE QUELQUE CHOSE – AU CONTRAIRE, ON REPROCHE AUX GARÇONS DE N'ÊTRE PAS ASSEZ CONSCIENTS DU PROBLÈME !

• LA GRANDE FORCE DE SIX FEET UNDER, C'EST LA COMPLEXITÉ DE SES PERSONNAGES :

QUAND ON LES "RENCONTRE", ILS SONT UN PEU CLICHÉS, SIMPLES

MAIS PLUS ÇA VA, PLUS ILS DEVIENNENT CONSTRUITS ET "VRAIS"

ET UNE FOIS QU'ON CONNAÎT UN PEU LES PRINCIPAUX, ON VOIT ET CONNAÎT LES AUTRES À TRAVERS EUX...

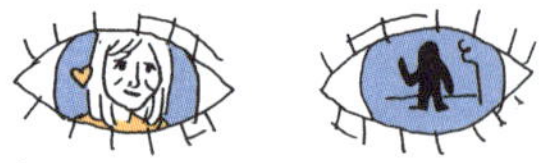

PLUS OU MOINS.

→ CE SOIN DANS LA CONSTRUCTION DES PERSONNAGES PERMET AINSI D'ÉVITER DES CLICHÉS GENRÉS AMBULANTS.

* BRENDA :

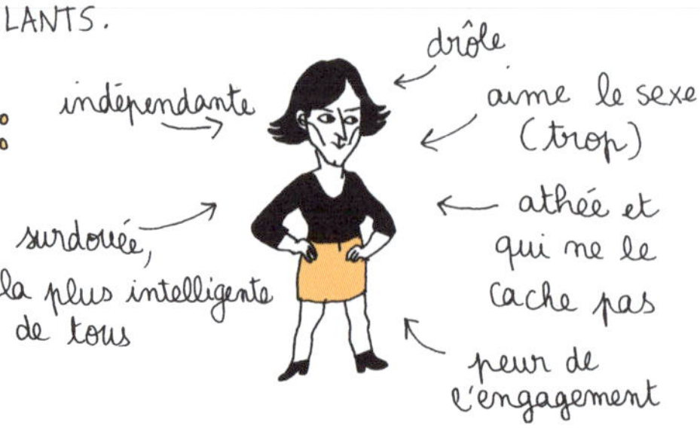

= PAS LES TRAITS LES PLUS "FÉMININS" (c'est-à-dire "soumise")

AU DÉBUT, ELLE EST INTRODUITE PAR SA RELATION AVEC NATE
Voici Brenda, my girlfriend
i prefer "fuck puppet"
MAIS TRÈS VITE ELLE DEVIENT UN PERSONNAGE À PART ENTIÈRE ET PLUS "la petite amie de"
→ ELLE N'EST PAS DÉFINIE PAR NATE
* RUTH :
RUTH, C'EST LA MÈRE CLICHÉ PAR EXCELLENCE, ELLE S'OCCUPE DE LA CUISINE, DE LA MAISON, ET ÇA SEMBLE NORMAL
Claire, tu m'aides à nettoyer ?
Maman... j'adorerais mais alors il n'y aurait que les femmes qui débarrasseraient...
mais c'est parfois critiqué (ici par Claire défoncée
mais qui dit quand même la vérité !)
ET SURTOUT, ELLE EST INFINIMENT PLUS QUE ÇA.
my entire life I've been wearing clothes that I hate.
ELLE EST COINCÉE DANS SON ÉDUCATION MAIS ELLE VEUT PLUS
FATIGUE
FORTE
LIBRE
ROM
SEXE
MÈRE QUI EN A MARRE
VEUT S'OCCUPER D'ELLE-MÊME
ELLE EST, TOUT AU LONG DE LA SÉRIE, BRISÉE ENCORE ET ENCORE, NOTAMMENT PAR LA PERTE DE CE(UX) QU'ELLE AIME ; ET POURTANT, À CHAQUE FOIS ELLE SE RELÈVE
FINALEMENT, ELLE EST PEUT-ÊTRE LA PLUS FORTE DE TOUS.
* CLAIRE :
ADO TYPIQUE, CERTES, MAIS AUSSI
plein de relations sexuelles (sans être jugée)
indépendante
avorte et n'est pas envoyée en Enfer
l'artiste de la famille
expérimente toutes sortes de drogues sans devenir une épave (chose habituellement ♂)

COMME NATE (ET MÊME PLUS QUE LUI) ELLE EST LA VOIX DISSONANTE DES FISHERS (qui gardent absolument toute émotion en eux coûte que coûte, le fun!)
(elle s'énerve d'ailleurs pas mal dès qu'on la PATERNALISE...)
C'EST AUSSI ELLE QUI A LA VUE LA PLUS OBJECTIVE DE SA FAMILLE.
* DAVID & KEITH
DÉJÀ, ON PEUT SOULIGNER LE FAIT D'AVOIR PARMI LES PERSONNAGES PRINCIPAUX UN COUPLE GAY (QUI A DU SEXE) EN 2001
(à part Tara et Willow, j'en vois pas d'autres)
BON, parfois il y a quelques clichés :
hum
David qui se "féminise" quand il s'assume
de bons goûts en déco
relation ouverte
mais parfois brisés... (ex : le sexe libre)
oui bon c'est bof
ok, on arrête
cool
+ (MÉGA SPOIL) IL Y A UN MARIAGE GAY ET UNE ADOPTION !!!!!!!!
ENTRE 2001 ET 2005 !!!!
hiiiiii
ET C'EST LE COUPLE LE PLUS STABLE DE LA SÉRIE !
On suit la construction et la solidification de leur couple, à travers les disputes et leurs faiblesses à tous deux : on a deux "vrais" personnages, pas un cliché de couple gay !
Ça fait plaisir de voir un couple gay servir de norme youpi !!
(encore + évident face à Nate et Brenda)

Conclusion :

CERTES, IL Y A QUELQUES CLICHÉS QU'IL FAUT POINTER DU DOIGT, MAIS AU FINAL LE POUR DÉPASSE LARGEMENT LE CONTRE !
COMME JE LE DISAIS PLUS HAUT, LA GRANDE FORCE DE LA SÉRIE, C'EST SES PERSONNAGES
OR, CE QUI REND LES PERSONNAGES SI CHOUETTES C'EST BIEN QU'ILS ÉCHAPPENT AUX STÉRÉOTYPES (DE GENRE, PAR EXEMPLE) ET QU'ILS SOIENT BIEN PLUS QUE ÇA.
QUOI ? Est-ce que ça voudrait dire que le féminisme rend les séries meilleures ?
(réponse : oui)
On pourrait facilement faire aussi des portraits dénués de clichés des autres persos : Nate, Rico, etc.
c'est pour vous dire !
En plus le scénario tient la route du début à la fin alors c'est TOPITOP quelle joie !
Bravo tu gagnes la médaille de la meilleure série !
jtm.

pourquoi choisir Love Actually comme film cucul de Noël ?

pire dessin 2013 →

On a parfois envie de s'abrutir avec une comédie romantique bien mièvre pour sourire comme une huître.

Mais comment éviter les clichés affreux qui collent à ce genre cinématographique ?

Mon conseil : Love Actually de Richard Curtis (2003)

Une comédie qui suit parfaitement les règles du genre (scénario absolument pas vraisemblable, cucul qui coule à flots, amour au premier regard, et un gros happy end dégoulinant)

(en plus, c'est considéré par plein de gens et de critiques comme un film de qualité)

Résumé : plein de personnages, reliés d'une quelconque façon (frères et soeurs, amis, collègues) vivent des histoires d'amour en portant des cols roulés :

Le vieux chanteur ringard qui fait son come-back (♥Bill Nighy♥) et son gros manager.

Liam Neeson en père veuf, et Thomas Sangster son beau-fils Sam, amoureux d'une camarade d'école Joanna (Marceline d'Adventure Time!!!)

Hugh Grant le 1er Ministre amoureux de Natalie, sa secrétaire.

Un triangle amoureux entre Alan Rickman - Emma Thompson - la jolie secrétaire d'Alan Rickman

Un autre triangle amoureux entre Keira Knightley (Juliet), son mari et le meilleur pote de celui-ci.

Colin Firth, écrivain trompé, et sa femme de ménage portugaise, Aurélia.

(un peu secondaires)

+ 

Sarah, amoureuse de son collègue Carl

+ 

Martin Freeman - John et Judith, modèles érotiques timides

+ 

Colin le gros naze et son pote Tony.

• Bons points

→ pas adressé à des filles ! Peu de voix off (qui débite des banalités sur l'amour) et pas de parti pris ("Nous les filles blabla")

(même si je suis bien consciente qu'on a dû plus l'offrir aux filles)

→ les personnages sont relativement dégenrés

tout le monde aime le love et est romantique à égalité

et pas de remarques gênantes sur "c'est bien un truc de filles/de mecs"

→ oh ! Et du "body positif" avec Natalie

Elle est "chubby" mais les remarques désobligeantes à cet égard sont montrées comme déplacées + elle sort avec Hugh Grant

Mais, en y réfléchissant, on trouve aussi énormément de fat-shaming dans ce film...

• Mauvais points (snife):

→ le fat-shaming :

→ Ce sont TOUJOURS les hommes qui font le premier pas (sauf Mia, mais on en parlera plus tard)

Sam, qui traverse l'aéroport en courant pour dire au revoir à Joanna

Hugh Grant qui fait le tour du quartier pour retrouver Nathalie

Sexy Carl invite Sarah l'ultra timide à danser

et le tout aussi timide Martin Freeman prend son courage à deux mains pour inviter Judith ...

(etc.)

→ la fille comme récompense :

1.

Liam Neeson est un veuf éploré et inconsolable, qui a du mal à reprendre goût à la vie

Il se consacre du coup à régler les problèmes de cœur de son beau-fils de 11 ans...

sans aucune raison, sortie de nulle part, Claudia Schiffer apparaît et ils sortent ensemble pour le happy end !

2.

Un gros loser, Colin, n'a pas de succès auprès des filles, il se dit donc que c'est parce que les Anglaises sont coincées et pas parce qu'il est un harceleur.

il part donc aux USA

où il rencontre dans un bar pourri du Wisconsin trois top models (natürlich), hyper ouvertes pour un plan à 4 avec un inconnu laid mais anglais.

et comme souvenir de vacances...

il ramène une fille ! Yeah !

(bon, toute l'intrigue liée à ce personnage est hyper sexiste et gênante, mais la fin explose tout)

→ l'histoire Emma Thompson – Rogue – Mia

Rogue/Alan Rickman est marié à Emma Thompson et a deux enfants déguisés en homards

mais la belle Mia, secrétaire de la boîte dont il est le patron, lui fait du gringue

finalement, il se fait prendre la main dans le sac par sa femme juste avant de passer à l'acte.

Ce qui est problématique :

Mia est le cliché de la femme fatale, séductrice, manipulatrice, sans pitié pour la femme de l'homme qu'elle convoite. Elle n'a aucune autre dimension. Son personnage se résume à la vile tentatrice qui veut des bijoux.

(au cas où on aurait mal compris, elle se déguise en diablesse à la fête de Noël, la coquine)

Emma Thompson, elle, est trompée (ou presque), parce que, c'est sous-entendu, elle est vieillissante, plus toute fine, un peu planplan. Mais, en bonne mère, elle se résigne et reste avec son mari tout en sachant que "tout sera un peu moins bien".

WOW ! LE FUN ! SUPER !

→ l'amour repose sur la **beauté** des filles :

Mia, donc, qui a comme seule qualité la beauté.

et le gros naze qui part aux US ne cherche pas vraiment de la personnalité ou de l'intelligence

À peu près tout ce que dit Carl à Sarah.

et on a tous les "**love at first sight**" :

Hugh Grant et Natalie

+

Jamie et Aurelia

+

Mark et Juliet

Bon, eux c'est pas vraiment "at first sight", mais il est clairement dit qu'ils ont jamais trop discuté (parlent pas la même langue / sort avec le meilleur ami)

➜ quand on tombe amoureux de quelqu'un au premier regard, c'est rarement pour le sens de l'humour ou ses goûts musicaux.

• Dans les deux histoires de "mélange des classes", ce sont toujours les hommes qui sont **mieux placés** :

Le Premier Ministre et sa jolie secrétaire

&

L'écrivain bobo qui a une maison de vacances à Marseille et sa jolie femme de ménage portugaise

→ et on pourrait aussi parler du personnage de rocker "de la coke et des putes" de Bill Nighy, qui se moque pas des masses du côté "des putes", mais plutôt des pseudo-putes elles-mêmes ("lol j'ai niqué Britney c'est pas un bon coup".)

On pourrait aussi parler de toutes les boissons chaudes servies par des femmes durant le film...

Conclusion : la seule comédie romantique que j'aime bien est en fait hyper sexiste ! Yeah !

Solution : regardez plutôt Downton Abbey, cette merveilleuse série anglaise. Il y a des épisodes de Noël et Maggie ♥ Smith !

STARSHIP TROOPERS

(LE FILM DE P. VERHOEVEN DE 1997, PAS LE LIVRE!)

C'est l'histoire de :

JOHNNY RICO, jeune diplômé aisé qui rejoint l'armée pour impressionner

CARMEN IBANEZ, sa copine, qui rêve de devenir Pilote.

À l'armée, ils retrouvent leurs amis CARL JENKINS et DIZZY FLORES !

(Neil Patrick Harris !!)

ÇA SE PASSE :

1. DANS LE FUTUR

2. DANS L'ESPACE

DES INSECTES GÉANTS font la guerre à la Confédération (= la Terre) !!!

. les bons points :

→ ÇA SE PASSE DANS UN UNIVERS MILITAIRE ET IL Y A PLEIN DE FEMMES !

dans l'infanterie mobile !

chez les pilotes !

chez les politiques !

Et leurs tenues sont crédibles et adaptées !

→ IL Y A UNE SUPER SCÈNE DE DOUCHE MIXTE, QUI N'A POUR BUT QUE DE RENFORCER L'IDÉE DE CAMARADERIE :
et alors, pourquoi vous vous êtes engagés ?
Aucun sous-entendu sexuel !!! Youpi !
→ ON A AUSSI D'EXCELLENTS PERSONNAGES FÉMININS :
• CARMEN :
la girly girl de l'école, la jolie fille
mais aussi la meilleure de l'école, qui rentre chez les pilotes (le TOP) et y devient AUSSI la meilleure !
elle rompt avec Rico
et refuse un prétendant
car elle veut se consacrer à son travail !
LA BAGARRE !!
5 mètres de haut
C'est même elle qui débusque le "boss final" !
• DIZZY FLORES
c'est la capitaine de l'équipe de jumpball (≃ foot US)
TIGERS
une des meilleures recrues
Elle est amoureuse de Rico, mais n'est jamais ridicule :
Tu veux danser ?
Non dégage
ben ok mec
Tu danses ?
Dans le livre, son perso est un homme
(ça a été changé pour avoir un "love interest" en ⊕ pour Rico)
→ C'EST HÉTÉROCENTRÉ MAIS ÇA MARCHE ♥ (prenez exemple !!!)
• les points négatifs :
• ON POURRAIT REPROCHER QUE DIZZY S'ENGAGE POUR SUIVRE RICO, MAIS :
• LA SEULE PERSONNE À RÉPONDRE À LA QUESTION "pourquoi es-tu entrée dans l'armée ?" EST UNE FEMME
pour avoir des enfants
(mais bon ça va pas plus loin)

• MALGRÉ TOUS CES BONS POINTS IL N'Y A QUE 30% DE FEMMES

Conclusion :

MÊME SI L'AFFICHE FLEURE BON LA TESTOSTÉRONE :

C'EST POSSIBLE ! On peut faire un film d'action non genré et qui fonctionne !

INCROYABLE !

(maintenant faites-le, du coup.)

OBVIOUS CHILD
OU
la question de l'avortement dans les comédies américaines
parlons aujourd'hui d'un des aspects les plus agaçants du cinéma américain :
LE DÉNI DE L'AVORTEMENT.
UNE SITUATION TYPIQUE MONTRÉE DANS LES FILMS :
A. tombe enceinte sans le vouloir
SANS EMPLOI
JEUNE
IMMATURE
CÉLIB
Elle n'est pas prête à être mère
Elle réfléchit douze secondes
?
bon ben je le garde !
pas d'autres choix hein !
AH BEH OUI ! C'est pas comme si on pouvait empêcher une grossesse après tout...
oh wait..
ON A GLOBALEMENT 3 MOYENS DE RÉGLER UNE GROSSESSE NON DÉSIRÉE DANS CES COMÉDIES :
1. L'INTERVENTION DIVINE
HIIIN NON, JE SUIS ENCEINTE !!!
Que faire ?
Je peux quand même pas me faire AVORTER !!!
OH MINCE JE TOMBE
déso, le bébé est mort
snife un peu
mais OUF !
exemples :
Jessa
WOUHOU DU SANG !
PLUS BESOIN D'AVORTER ! PRATIQUE !
GIRLS
alternative :
↳ LE FAUX POSITIF
Je suis pas sûr de vouloir un autre enfant...
AH BEN !
Ça tombe bien : je m'étais TROMPÉE !
lol
UNE NOUNOU D'ENFER

→ SOUVENT UTILISÉ QUAND C'EST VRAIMENT PAS PRATIQUE PAR RAPPORT À L'INTRIGUE DE RAJOUTER UN BÉBÉ AU PERSO, ET, BON, ÇA PERMET PARFOIS D'ABORDER LA QUESTION, MÊME SI ON L'ÉVACUE PAR LA SUITE.

2. LE "RETOUR DANS LE DROIT CHEMIN"

exemples :

→ VRAIMENT SUPER CET AMALGAME "AVORTEMENT = MEURTRE DE BÉBÉS" 👍

3. LE "LORD VOLDEMORT"

exemple :

→ ON ATTEINT LE TOP DE L'HYPOCRISIE, OÙ ON FAIT COMME SI L'AVORTEMENT N'EXISTAIT PAS EN "OUBLIANT" DE LE MENTIONNER (ET SI ON LE MENTIONNE, C'EST EN DIABOLISANT LE NOM)

On a donc un évitement total de l'avortement, avec en plus des personnages qui devraient le choisir !
16 ans
au lycée
pas indépendante
célibataire
JUNO
pas de maison
travail prenant
ne connaît pas le type qui l'a mise enceinte + ne l'apprécie pas !
n'a pas prévu de tomber enceinte
KNOCKED UP
quitte son mec quand ça devient trop sérieux
fuit l'engagement
SAVE THE DATE
etc.
+ AVOIR UN BÉBÉ = PAS DANS LEURS PRIORITÉS
→ L'AVORTEMENT DEVRAIT ÊTRE LEUR CHOIX LOGIQUE MAIS BON, FAUDRAIT PAS FROISSER LES CONSERVATEURS, QUITTE À DONNER UN MAUVAIS EXEMPLE.
C'est pour ça que quand j'ai vu OBVIOUS CHILD
j'ai cru qu'ENFIN le monde était devenu SENSÉ !
snurfl
CLAP CLAP CLAP CLAP CLAP
OBVIOUS CHILD, qu'est-ce que c'est ?
Jenny Slate
DONNA EST COMÉDIENNE DE STAND-UP À NEW-YORK
→ ELLE SE FAIT LARGUER
Pete de The Office!!!
→ POUR SE CONSOLER, ELLE A UN ONE-NIGHT-STAND AVEC UN CHOUETTE GARÇON, MAX
Gaby Hoffmann! (que des acteurs en forme de love)
→ OUPS ! ILS ONT OUBLIÉ LE PRÉSERVATIF ET LA VOILÀ ENCEINTE !
Ah oui, du coup l'avortement c'est le sujet du film ?
Ben pas escactement, et c'est là tout le génie !
Oui, l'avortement est au centre de l'histoire, mais le vrai enjeu c'est :
EST-CE QUE JE DOIS PRÉVENIR CE TYPE QUE JE VAIS AVORTER ?
HOURRA N°1 →
Pas une seconde j'hésite à me faire avorter.
HOURRA N°2 →
Je ne veux pas L'AVIS de Max sur mon choix, il ne va pas le remettre en question.

ENCORE PLUS DE BONS POINTS :

- DONNA CHOISIT L'AVORTEMENT :

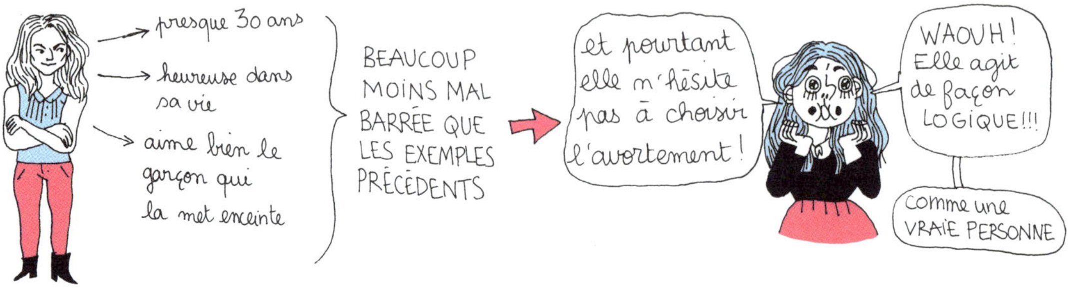

- PAS D'IDÉALISATION DE L'AVORTEMENT :

↳ PAS DE REGRETS ET PAS NON PLUS PRÉSENTÉ COMME UN "MOYEN DE CONTRACEPTION" (CLICHÉ INVERSE, MAIS TOUJOURS NÉGATIF)

- PAS DE POINT "TUER UN BÉBÉ"

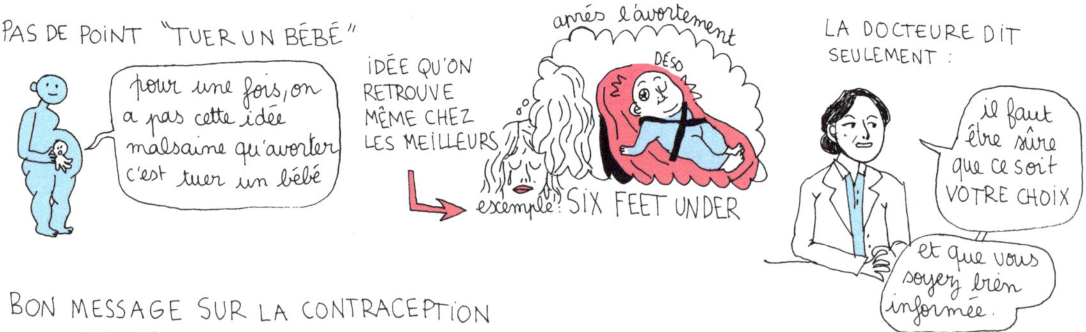

- BON MESSAGE SUR LA CONTRACEPTION

↳ SORTEZ COUVERTS !!!!!

- LES RÉACTIONS DES AUTRES PERSONNAGES :

PAR EXEMPLE, SA MÈRE

↑ (très beau et fort passage)

D'AILLEURS, TOUS LES PERSONNAGES RÉAGISSENT TRÈS BIEN

↳ ON A DE L'ACCEPTATION, DE LA COMPRÉHENSION, DU SOULAGEMENT, DE LA DISCUSSION, ET ÇA FAIT DU BIEN !

- ET ENFIN, DES SUPER PERSONNAGES QUI ÉCHAPPENT AUX CLICHÉS :

MÊME LES PERSONNAGES LES MOINS DÉVELOPPÉS NE SONT PAS DES STÉRÉOTYPES

\+

PAS DE REMARQUES SEXISTES !

Prenons par exemple le personnage de la mère :

AU DÉBUT, ON A UN PEU CETTE DUALITÉ CLICHÉ PÈRE COOL/MÈRE STRICTE ET FROIDE

MAIS PETIT À PETIT, ON VOIT QU'ELLE EST BIEN PLUS QUE ÇA.

Conclusion :

GAME OF THRONES
Saison 5
(= SPOILERS!!!)
En mai 2014, avec mon amie TARMASZ on avait décidé d'analyser les 3 premières saisons de GoT...
Par rapport aux angles du genre et de la représentation.
ON VOULAIT FAIRE ÇA PARCE QUE :
plein de gens regardent
et on aime pas mal ça
BRIENNE
THE HOUND
ON EN AVAIT CONCLU QUE :
• C'ÉTAIT UNE DES SÉRIES AVEC LES PERSOS FÉMININS LES PLUS INTÉRESSANTS.
On est tous blancs !
Y a plein de viols
• MAIS C'ÉTAIT TRÈS LOIN D'ÊTRE PARFAIT
Ceci dit, ça avait l'air sur la bonne voie, et c'était cool !
MAIS
En regardant la saison 4 et SURTOUT la saison 5...
J'ai eu envie de nuancer nos propos.
J'ai beau toujours porter Brienne dans mon cœur puissance
DIX MILLE
On peut pas nier que le niveau a super baissé ! (snife)

Par exemple, au niveau de la très mauvaise représentation des personnages de couleur...
Quoi ? Plus de persos de couleur ??
Mais y a déjà Missandei !!!
Roooh
Blancs
Bon allez ok si vous insistez on va vous mettre un marchand d'esclaves ! lol !!!
Si on revient du côté du sexisme, on réalise que cette saison = caca.
• DÉJÀ, ON A ZÉRO (ou presque) SOLIDARITÉ FÉMININE : (≠ À ENTRE HOMMES)
Ça, ça dure depuis le début.
→ les seules exceptions :
LES TYRELL
BRIENNE ET CATELYN
→ CES OPPOSITIONS DEVIENNENT DE PLUS EN PLUS VIOLENTES
Je veux la mort de Sansa !!
← Lysa →
AAAH
Bien fait
Je te déteste tellement que je cause la ruine du royaume lol !!!
Hihi
Hihi
→ RÉSULTAT = MORT OU VIOLENCE, YEAH !!!
On peut aussi parler de l'ULTRA-sexualisation des Sand Snakes !!!!!
On est censées être de super guerrières...
(+ très blanches ...)
Mais pourquoi le montrer quand on peut montrer nos SEINS ??

Mais surtout, on remarque que TOUTES les femmes souffrent, à un moment ou un autre !
Ouais mais BON
Les persos hommes AUSSI !!!
?
Ben... pas vraiment...
(À part peut-être Theon...)
Je m'explique :
Les souffrances des persos ♀ sont physiques et/ou liées au sexe.
LES HOMMES, QUANT À EUX :
Shireen ?
• PERDENT CEUX/CELLES QUI LEUR SONT PROCHES
• MEURENT (DE FAÇON FRANCHE)
• COMBATTENT, SURVIVENT, SONT VALORISÉS.
De leur côté, les femmes subissent toutes des viols ou des humiliations sexuelles...
Et le truc "super" c'est que souvent c'est même pas dans les livres...
EFFECTIVEMENT, LE SORT DES FEMMES EST PIRE DANS LA SÉRIE :
Dans le livre, on insiste sur le fait que la punition "Shame" est réservée aux femmes...
Et ça permet à Cersei de prendre conscience de sa misogynie intégrée.
Ici, c'est juste pour choquer le spectateur...
Eh oui ! Car ces violences n'ont que deux raisons !
→ CHOQUER LES SPECTATEURS
ou
→ FAIRE RÉAGIR LES PERSONNAGES MASCULINS .... (urk)
Sauver Sansa est un des trucs qui me rend aimable.
On viole et tue ma sœur : je viens la venger.
Sauver Gilly me permet de niquer !!!!!!! Hihi !!!

Oui mais c'est pour la véracité historique !!!
Vous êtes TROP sensibles !
Humpf.
Effectivement, on est dans une série moyenâgeuse ultra réaliste, pleine de dragons et de gens blancs.......
NON !!!!
0/20
Mais ça n'empêche pas que leur traitement du viol est : super-pourri !
ON REMARQUE AUSSI QUE LES DEUX SEULS PERSOS QUI NE SUBISSENT PAS ÇA SONT
CELLES QUI SONT "MASCULINES"...
Ce qui nous empêche pas d'en être menacées...
(Et incapables de nous sauver nous-mêmes)
WOW ! On dirait presque qu'il faut punir TOUS les persos féminins d'exister !!
urk
Tout ça nous amène à la pire scène de la saison...
Le viol de Sansa.
Non mais arrêtez !!
C'est juste une scène comme une autre !
NOPE
Cette scène est à la fois mal traitée (très)...
Et complètement inutile scénaristiquement.
.DÉJÀ, LE FAIT QUE SANSA SOIT DÉPOSSÉDÉE DE SON POINT DE VUE :
Eh oui ! On montre plutôt comme c'est dur pour MOI !!!
Pourquoi ce serait dur pour Sansa ?
Alors que moi je l'ai vue GRANDIR !!!
Parce qu'au final, l'important c'est que ça me fasse changer MOI !
Je suis tellement un chic type !

Ce viol est là pour faire réagir Theon et c'est tout
UNE FOIS CETTE SCÈNE PASSÉE, LA SÉRIE STOPPE LE DÉVELOPPEMENT DE SANSA POUR SE CONCENTRER SUR LA PRISE DE CONSCIENCE DE THEON...
• EN EFFET, L'ÉVOLUTION DE SANSA EST TOTALEMENT BÂCLÉE:
S04
S05
fig 1: arc narratif de Sansa dans la S05.
À la fin de la 4e saison, Sansa est un des persos les plus intéressants.
ON L'A VUE PASSER DE LA JEUNE MIDINETTE...
...À UNE VICTIME RÉSILIENTE ENCORE ET ENCORE...
...À CELLE QUI A COMPRIS LES "RÈGLES DU JEU".
Car oui : tout porte à croire que Sansa a décidé d'agir, de sortir de son rôle de victime...
Mais dans cette saison, elle redevient la victime numéro 1.
Elle ne réagit tellement pas que ça devient illogique (et super agaçant !
Haha ce que je fais n'a aucun sens hoho
Plein d'autres possibilités s'offraient pourtant aux scénaristes:
• ELLE AURAIT PU CHOISIR DE JOUER LE JEU AVEC RAMSAY (bof...)
• ELLE AURAIT PU LE TUER (oui !)
• ELLE AURAIT AUSSI PU ÊTRE SAUVÉE / COOPÉRER AVEC BRIENNE.
• OU JUSTE S'ENFUIR SEULE...
Mais non ! C'est moi qui la saauuvee !
En plus, faire subir un viol à Sansa n'est pas du tout pertinent par rapport au personnage.
J'ai déjà été brisée et on a pas besoin de ça pour le comprendre !
Surtout après avoir sous-entendu que j'allais enfin me redresser...

Oui mais c'est COHÉRENT avec le perso de Ramsay !
Aaaah...
EFFECTIVEMENT, RAMSAY EST MÉCHANT. ON L'AVAIT PLUS OU MOINS COMPRIS QUAND IL :
hihi
• A TORTURÉ THEON PENDANT MILLE ANS.
• A COUPÉ SON PÉNIS POUR LE FUN.
MÉCHANT
• A FAIT MANGER UNE FILLE PAR DES CHIENS
Avait-on VRAIMENT besoin de le rappeler ?
(non)
Et puis : JUSTEMENT.
Sansa le sait.
ELLE A COMPRIS + A ÉTÉ PRÉVENUE !!!
HYPER SUPER VILAIN !!!!
Il est méchant au fait !
Est-ce que, étant donné que mon perso est plutôt malin, j'aurais pas dû prévoir quelque chose ?
(oui)
Et encore une fois : ça ne se passe pas dans les livres !
EN GROS :
ILS ONT PRIS UN PERSO AU POINT DE VUE PROMETTEUR →
DONT LA VIRGINITÉ ÉTAIT PLUTÔT IMPORTANTE →
Et si on mettait 0 conséquence psychologique ??
ILS LUI ONT APPLIQUÉ UN VIOL HYPER MAL TRAITÉ →
Sansa
ET BRISÉ NET SON ÉVOLUTION
(ce qui se passe dans les livres est pas forcément plus fou fou, mais ça n'est pas un perso point de vue...)
loser #1
HÉROS
POUR EN FAIRE UN OBJET DE MOTIVATION POUR UN PERSO MASCULIN
Conclusion :
ENTRE LA SAUVAGE-SENSIBLE-AUX-BÉBÉS & LA MORT DE SHIREEN
On pouvait aussi se douter que cette saison aimait bof les femmes.
Et effectivement ça a un peu explosé tous les scores...
Déso bébé
Du coup : si vous avez pas commencé, c'est peut-être pas la peine ! Eh oui ! OUPS !

Pour aller plus loin :

Laci Green

• youtube.com/lacigreen •

↳ feminisme et sexologie

Anne-Charlotte Husson - "Genre !"

• cafaitgenre.org •

↳ ressources sur plein de questions féministes

Le Cinéma est politique.

• lecinemaestpolitique.com •

↳ représentation dans les films et séries

Feminist Frequency (Anita Sarkeesian)

• youtube.com/feministfrequency •

↳ représentation genrée dans la pop-culture et les jeux vidéos

Références des articles

Flashe ce QR Code* et rends-toi sur la page de Mirion Malle pour accèder à la liste complète des références !

* ou rends-toi sur http://www.mirionmalle.com/p/references.html

REMERCIEMENTS

(ATTENTION, IL VA Y AVOIR BEAUCOUP D'AMOUR)

UN MERCI ÉTINCELANT À TOUS LES GENS QUI ME LISENT, QUI ONT UN JOUR OU L'AUTRE PARTAGÉ MON TRAVAIL, OU ENCORE QUI M'ONT ENVOYÉ DES PETITS MAILS OU MESSAGES DE SOUTIEN ; MERCI DE RÉDUIRE EN CENDRES LES COMMENTAIRES MÉCHANTS PAR VOTRE INTÉRÊT ET VOTRE FÉMINISME, QUI ME DONNENT DES KILOS DE COURAGE ET LA VOLONTÉ DE CONTINUER À FAIRE MES PETITES BD DE BÉBÉ JOYEUX.

MERCI BIEN SÛR À MES PARENTS D'ÊTRE LES PLUS MIGNONS, À LILIAN ET À LUCILLE, QUI SONT BIEN PLUS COOLS ET MALINS QUE JE NE L'AI JAMAIS ÉTÉ, ET QUE JE SUIS SI CONTENTE D'AVOIR AVEC MOI TOUJOURS ET TOUT LE TEMPS.

MERCI À LAURINE, QUI A SUPPORTÉ MES MILLIARDS D'INTERROGATIONS SUR TOUTES LES CHOSES, QUI M'A TOUJOURS AIDÉE MÊME DANS LES PROBLÈMES LES PLUS NAZES ET QUE J'AIME D'UN AMOUR TENDRE ET TERRIBLE, MERCI À JEANNE, QUENTIN, ANNA, FÉLIX, ESTELLE, SYLVAIN, TOMA, JÉRÔME, CHARLES, MORTIS, EXAHEVA, MÉGA, JEANNE FOX, NICOLAS, FANNY ET ALINE POUR LEURS BLAGUES ET LEUR AIDE ET L'AMITIÉ INFINIE. MERCI À THOMAS POUR LE SUPER SOUTIEN ET LES COULEURS. MERCI À FAUSTINE MON LOVE ÉTERNEL, MERCI D'ÊTRE LA PLUS TOP, D'AVOIR PARTICIPÉ À CE LIVRE, ET POUR NOTRE FUTURE ARMÉE DE CHEVALIÈRES PLUS FORTES QUE LA MORT. MERCI À LESLIE ET MATHILDE D'ÊTRE TOUJOURS LÀ DEPUIS TOUT CE TEMPS. MERCI À VINCENT, SOPHIE, FRANCIS, CATHERINE, CATHON, IRIS, SINGEON, STÉPHANIE, DAVID, MARIE, JÉRÉMY, SARA, SIMON ET À TOUTE LA MAISON DE LA BANDE DESSINÉE DE MONTRÉAL POUR M'AVOIR ACCUEILLIE, POUR AVOIR ÉTÉ LES MEILLEURS DU MONDE MAIS AUSSI POUR TOUS LES CONSEILS (ET BIEN SÛR POUR LE P'TIT COCHON) : JE VOUS AIME TANT.

MERCI TRÈS FORT À RUN, YUCK, ET TOUTE L'ÉQUIPE D'ANKAMA ET DU 619 POUR M'AVOIR FAIT TOUT DE SUITE CONFIANCE SUR CE PROJET ET POUR M'AVOIR ÉPAULÉE ET SOUTENUE. MERCI MILLE FOIS À MAR_LARD POUR SA FANTASTIQUE PRÉFACE ET POUR TOUT SON TRAVAIL.

MERCI AUX FÉMINISTES D'INTERNET ET À TWITTER, POUR M'AVOIR DONNÉ DES PETITES BAFFES QUAND J'ÉTAIS JEUNE ET BÊTE ET POUR M'AVOIR PERMIS DE TROUVER TANT DE RESSOURCES SUR TANT DE SUJETS ET DONNÉ LA POSSIBILITÉ DE RÉFLÉCHIR POUR DE VRAI ET DE DIRE UN PEU MOINS DE BÊTISES. MERCI AUX SCÉNARISTES ET RÉALISATRICES-EURS CHOUETTES QUI CRÉENT DES ŒUVRES DE QUALITÉ ET APPORTENT JOIE ET BONHEUR, ET MERCI AUX ACTRICES QUI TIENNENT DES PROPOS INTELLIGENTS ET FÉROCES, ET QUI FONT PETIT À PETIT UN PEU BOUGER LES CHOSES.

ENFIN, MERCI À JEAN-CLAUDE VAN DAMME, QUI EST BIEN LE PLUS FORT ET QUI ME MOTIVE À AVOIR PLUS DE MUSCLES ET À AVANCER EN DONNANT DES MÉGA COUPS DE PIED AUX CHOSES NULLES, À BASE DE GROSSE BAGARRE : TU ES MON MODÈLE, MILLE POUCES EN L'AIR POUR TOI ET POUR TOUJOURS.